中国现代财税金融体制建设丛书

吴晓求　庄毓敏　主编

现代债券市场建设

类承曜　著

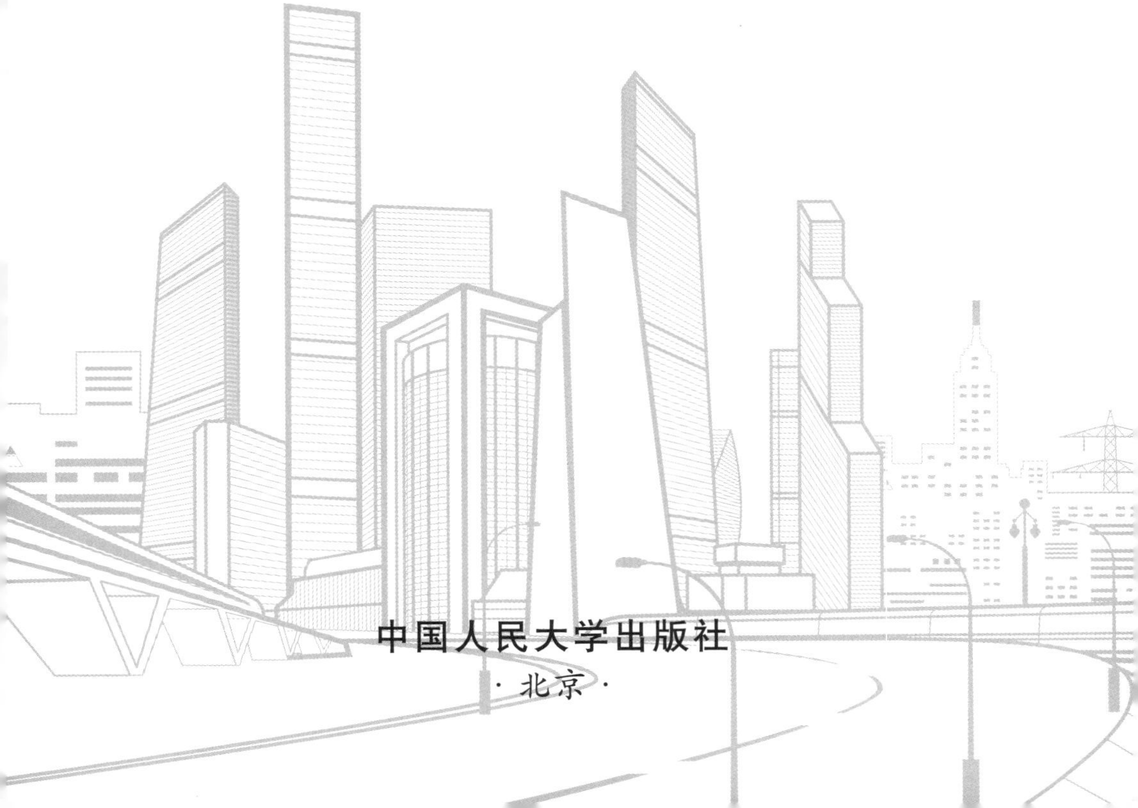

中国人民大学出版社

·北京·

总 序

中国式现代化的经济基础与财政金融的作用*

吴晓求

党的十九届五中全会提出要“建立现代财税金融体制”，党的二十大报告对中国式现代化的内涵进行了全面而深刻的阐述，凸显了建立现代财税金融体制的重要性。现代财税金融体制建设包含宏微观金融体制建设和财税体制建设。其中，宏微观金融体制建设主要涉及现代中央银行制度、现代货币政策体系、现代宏观审慎政策及监管框架、现代商业银行制度、现代保险制度、现代资本市场、现代公司金融制度以及现代信用风险管理等内容，财税体制建设主要涉及现代预算制度、现代税收制度以及政府间财政关系等内容。中国人民大学财政金融学院组织专家学者对上述问题展开深入研究，形成了“中国现代财税金融体制建设丛书”，以期为中国式现代化建设贡献智慧。谨以此文作为这一丛书的总序。

中国式现代化内涵丰富，下面重点从经济和财政金融的角度，对中国式现代化的经济基础和财政金融的作用做一些粗浅的分析。

一、如何理解中国式现代化

党的二十大报告对中国式现代化做了准确而全面的概括：中国式

---

* 此文曾发表在 2022 年第 4 期的《应用经济学评论》上，现作为本丛书总序，作者对其做了一些增减和修改。

现代化是人口规模巨大的现代化，是全体人民共同富裕的现代化，是物质文明和精神文明相协调的现代化，是人与自然和谐共生的现代化，是走和平发展道路的现代化。同时党的二十大报告强调指出，中国式现代化是中国共产党领导的社会主义现代化，这既体现了国际社会公认的现代化的基本内涵，又体现了中国特色。这同我们所走的中国特色社会主义市场经济发展道路一样：既体现了市场经济的一般原则，具有现代市场经济的基本内涵，又是人类社会探索市场经济发展道路的一种新形式。我们不是模仿、照抄以美国为代表的西方发达国家所走过的市场经济发展道路，而是根据中国国情进行创造性探索。中国式现代化同中国特色社会主义市场经济一样，既体现了国际社会的共识和人类社会的文明成果，又走了一条中国式的发展道路。实践表明，把普遍原理与中国国情相结合，是我们成功的法宝。

中国式现代化体现了中华民族的智慧——勤于学习、善于改造、敢于创新，同时又充分吸收了人类文明的优秀成果。人类文明的优秀成果是我们理论创新的起点。创新不是空穴来风，不是海市蜃楼，而是要以人类对已有文明成果的积累和丰富的实践为基础。中国式现代化这一概念就是基于这样的思考而提出的。

中国式现代化，首先有国际社会一般认知的现代化内涵。国际社会所认知的现代化有多重指标。在这多重指标中有一个核心指标，那就是现代化国家首先应是一个发达国家，是发达国家当然也就是高收入国家。所以，成为高收入国家、发达国家是实现中国式现代化的前提条件。我们要实现中国式现代化，首先就要进入高收入国家行列并成为发达国家。

世界银行、国际货币基金组织等权威国际机构对高收入国家、发达国家都有自己的定义。例如，2021 年世界银行公布的高收入国家的经济指标门槛是人均国民总收入（GNI）12 695 美元，国际货币基金组织公布的发达国家的经济指标门槛是人均国内生产总值（GDP）2 万美元。2021 年中国 GDP 为 114.92 万亿元人民币，按照当时的汇率计算，中国人均 GDP 已达 12 551 美元。2021 年中国人均 GNI 为 11 890 美元，中国居上中等收入国家行列。

国际上现有的发达国家均首先跨越了人均 GDP 这一经济指标的门槛。除此之外，要成为发达国家，还必须达到生态环境、人均预期寿命、教育水平、法制基础、贫富差距、社会公平、创新能力和国际影响力等方面的一系列社会指标标准。所以，中国式现代化的实现过程也就是经济社会全面发展的过程，而不是单一指标的突进。

过去，我们赖以生存的环境包括土壤、空气和水资源都受到了不同程度的污染。改善环境，走绿色发展之路是我们未来面临的艰巨任务。中国人均预期寿命现在处在世界先进行列。自新中国成立以来，我们在这方面取得了举世瞩目的成就。在新中国成立之前，中国人均预期寿命很短，不到 40 岁。那个年代战争频发、经济发展水平低、粮食供应不足、医疗卫生体系落后，人均预期寿命短。2021 年，中国人均预期寿命为 78.2 岁，女性比男性略高。在人均预期寿命这一指标上，中国进入了发达国家行列。虽然人均预期寿命较高，但中国的医疗资源相对短缺，医疗卫生体系相对脆弱。我们要大力改善医疗卫生体系，提升人们的健康水平，让所有人都能得到应有的医疗保障。

我国一直在努力提高教育水平，改善教育条件，但我国的教育状况与中国式现代化的要求还有较大差距。让适龄儿童和青少年接受良好的教育仍然是我国教育面临的最大任务之一。我们要着力改善基础教育，进一步完善义务教育制度，这是实现现代化的重要举措。我们要对农村偏远地区的基础教育加大投入，让每个适龄儿童和少年都能上得起学。

法制建设要进一步改善。自党的十八大以来，中国法制建设取得了长足进步。我国颁布了《中华人民共和国民法典》，这是中国法制建设的重要标志，为保护财产权、保障市场主体的平等地位提供了坚实的法律保障。自党的十八大以来，中国的反腐败行动取得了历史性进步，清洁了社会环境，积极培育和践行社会主义核心价值观。但中国的法制观念、法治化水平与中国式现代化的标准还有较大差距。一些地方乱作为、胡作为的现象时有发生，一些和法律精神相抵触、相背离的政策仍然存在。中国式现代化一定是法制建设的现代化，是法治国家的现代化。

中国式现代化还必须有极强的创新能力。没有创新能力，经济社会就会停滞，经济增长和社会发展就会缺乏源源不断的动力。创新是一个国家现代化的重要保障。世界上有些国家曾经接近、达到甚至超过发达国家的起点标准，但是由于创新能力不足，腐败严重，加上政策严重失误，因而停留在或退回到中等收入国家行列，学术界把这种现象称为“中等收入陷阱”。历史上，在迈向现代化国家的过程中，有些国家要么迈不过去，落入“中等收入陷阱”，要么短期跨越了“中等收入陷阱”，一度成为高收入国家，但在较短时间内又退回到中等收入国家行列。我们要总结这些国家的教训，避免走弯路、进“陷阱”，防止出现它们的失误和曲折。

从历史经验看，创新机制和创新能力对一个国家迈向发达国家极为重要。这里的创新指的是多方面的创新。首先是技术创新。中国要建成现代化国家，经济结构转型和基于技术进步的产业迭代是基本路径。我们不能停留在低端产业，也不可能通过资源型企业把中国带入现代化。我们必须进行技术创新，推动产业升级换代，提升经济竞争力。中国经济的竞争力在于技术进步和高科技产业发展。

除了技术创新外，观念创新、制度创新、模式创新、组织创新都非常重要。我们面对的是越来越不确定的未来，高科技企业的商业模式、组织模式需要创新。试图用传统产业的模式去发展高科技产业，那肯定是行不通的。不少人只意识到了技术创新的重要性，没有意识到观念创新、制度创新、模式创新、组织创新的重要性。实际上，这些创新都是中国式现代化创新的重要内涵。

中国是一个人口规模巨大的国家，其现代化一定会改变全球格局，对全球产生巨大而深远的影响。我们所追求的现代化是中国式的，有鲜明的中国特征。党的二十大报告把中国式现代化的特征概括为五点，这五点中最引起人们关注的是全体人民共同富裕的现代化。

共同富裕是中国特色社会主义的本质要求，体现了中国共产党人的初心使命。从中国共产党成立那天起到1949年中华人民共和国成立，再到1978年改革开放，再到党的二十大，在每个时期，实现全体人民共同富裕都是我们的目标，这个目标从来没有动摇过。1955年，毛泽东同志指出，富是共同的富，强是共同的强。1990年，邓小平同志指出，共同致富，我们从改革一开始就讲，将来总有一天要成为中心课题。共同富裕一开始就在邓小平同志改革开放的战略设计中。习近平总书记指出，共同富裕是中国特色社会主义的根本原则，所以必须使发展成果更多更公平惠及全体人民，朝着共同富裕方向稳步前进。

让中国人民富起来，实现共同富裕，是中国共产党人的初心使命的重要体现，对于这个目标，中国共产党人从来没有动摇过。今天我们所要实现的中国式现代化，一定是全体人民共同富裕的现代化，我们一直都在朝着这个目标努力。

二、中国式现代化的经济基础

要实现中国式现代化，首先必须成为高收入国家，成为发达国家，所以保持经济的可持续增长就成了当前乃至未来相当长时期内的重要任务。只有保持经济的可持续增长，财富才能源源不断地被创造出来，中国式现代化才可能实现。

这里有一个基本判断：什么样的体制和政策能使经济处在可持续增长中？我认为，中国特色社会主义市场经济体制是中国经济可持续增长最重要的体制基础，继续深化改革、不断推进高水平开放是中国经济可持续增长最重要的政策取向。中国特色社会主义市场经济是现代市场经济的一种业态、一种新的探索形式，体现了市场经济的一般原理。

市场经济是建立在分工和交易的基础上的。分工是市场经济存在的前提，没有分工就没有市场，没有市场就没有公允的价格，也就没有公平的交易。没有分工、没有市场、没有交易，那就是自然经济。自然经济不可能让人类社会富裕起来，只有基于分工和交易的市场经济，才能大幅度提高劳动生产率，才能源源不断地创造出新的财富。只要我们继续坚持中国特色社会主义市场经济体制，就能够把财富源源不断地创造出来，因为它是基于分工的，市场是自由的，价格是公允的，交易是公平的，市场主体的地位是平等的。

改革开放前的中国是一个贫穷落后的国家，大多数人处在贫困状态。改革开放后，我们选择了一条市场经济道路，人民开始富裕起来了。我们所走的市场经济道路，不是自由市场经济道路，而是中国特色社会主义市场经济发展道路。改革开放后，我们要迅速摆脱贫困，让老百姓能够吃饱饭，但是按自然演进的市场经济模式难以快速实现这一目标。后发国家有后发优势，可以学习、借鉴发达国家的经验，实现经济的跨越式发展。一段时间以来，我们重视引进外资，重视引进国际先进技术，重视学习和借鉴国际先进经验，在此基础上探索自己的发展道路。

要实现跨越式发展，除了必须尊重分工、自由的市场、公允的价格、公平的交易和市场主体的平等地位外，一个很重要的机制就是要发挥并优化政府的作用。改革开放 40 多年来，各级政府在中国经济社会发展中起着特别重要的作用，这是中国经济发展模式的重要特征。举例来说，中国的地方政府在经济发展和现代化建设中起到了重要的作用，地方政府大力招商引资，高度重视经济建设。又如，各类工业园区、技术开发区的设立也是中国特色。存量改革阻力很大，要对老工业城市和老工业基地进行市场化的存量改革非常困难。地方政府根据中央的精神，制定自己的发展战略，建立各种工业园区、技术开发区，引进资本和新技术，以增量活力引导存量改革。再如，中央政府的“五年规划”以及经济特区、区域经济发展战略对中国经济发展发挥了顶层设计和引领的作用。上述特征都是中国特色社会主义市场经济体制的重要体现。

在中国式现代化的实现过程中，我们必须进一步推进市场化改革、推动高水平开放。市场化改革和中国特色社会主义市场经济模式在方向上是完全一致的。只有不断深化市场化改革，才能不断完善中国特色社会主义市场经济模式。

我们制定了“双循环”发展战略，这是基于中国国情和中国实际情况以及全球形势变化而做出的战略转型。“双循环”发展战略强调以内循环为主，内循环和外循环协调发展，但这绝不是否认外部需求对中国经济发展的重要作用。实际上，推动高水平开放在今天仍然至关重要。习近平总书记指出，改革开放是中国共产党的一次伟大觉醒，不仅深刻改变了中国，也深刻影响了世界。今天中国虽然已经发展起来了，资本充盈甚至有些过剩，但对外开放仍然是很重要的，要高度重视外资和外国先进技术的引进，重视外部市场的拓展。

2001 年 12 月，中国加入 WTO，这是中国经济在近现代第一次全面融入国际经济体系。这种对外部世界的开放和融合，使中国经济发生了根本性变化。中国的实践表明，对外开放对中国式现代化的实现具有巨大而深远的影响。

要实现中国式现代化，必须实现全体人民的共同富裕。共同富裕一直是我们追求的目标，从未动摇。在我的理解中，实现共同富裕要处理好三个关系。

首先，要保护并优化财富创造机制。要让社会财富不断地丰盈起来，就必须共同奋斗，不存在“等靠要”式的“躺平”。“等靠要”与共同富裕毫无关系。共同富裕一定是每个人都很努力，共同创造可以分配的增量财富。没有增量财富，存量财富很快就会枯竭。每个人都要努力地创造增量财富，不能只盯着存量财富。中国还不是高收入国家，只是刚刚全面建成小康社会的上中等收入国家。要让人民越来越富裕、社会财富越来越多，高效率的财富创造机制是关键。

其次，要进一步改革收入分配制度。收入分配制度改革的基本着力点是适度提高劳动者报酬，在再分配环节更加注重公平。我们要让低收入阶层、贫困家庭过上正常的生活，通过转移支付、救济等方式保障他们的基本生活。要实现基本公共服务均等化。转移支付、困难补助、救济等都是再分配的重要内容。党的二十大报告专门强调要规范收入分配秩序，意义深远。

最后，要形成有效的财富积累机制。有效的财富积累机制是下一轮经济增长和财富创造的重要前提。没有财富的积累，就难以推动下一轮经济增长。党的二十大报告提出要规范财富积累机制，这蕴含了深刻的含义。

财富积累除了另类投资外，主要有四种方式：

一是将现期收入减去现期消费之后的剩余收入，以居民储蓄存款的形式存入银行。这是大多数中国人财富积累的主要方式。

二是投资风险性金融资产，比如股票、债券、基金等。投资这种风险性金融资产是现代社会财富积累的重要方式，是未来财富积累的主流业态。

三是创业。创业的风险比前两种财富积累方式要大得多，存在巨大的不确定性。创业不成功，投资就会失败。创业一旦成功，财富就会按几何级数增长。在这里，收益与风险是相互匹配的。政策应鼓励人们去创业、创造，这是财富增长最坚实的基础。

四是投资房地产。2004 年以后，中国房地产业发展速度惊人，房价飞涨。在 10 年左右的时间里，一线城市的房价涨了 20 倍以上。投资房地产在一个时期成了人们财富积累的重要方式。

如何理解规范财富积累机制?

我认为，第一，要完善法制，让人们的财产权和存量财富得到有效保护。第二，必须关注财富积累方式的调整。畸形的房地产化的财富积累方式，给中国经济和金融体系带来了潜在的巨大风险和危机。

中国居民的资产有百分之六七十都在房地产上，这是不正常的。规范财富积累机制是金融结构性改革的重点。过度投资房地产的财富积累方式，应是规范的重点。

三、财政金融在中国式现代化中的作用

在中国式现代化的建设进程中，财政金融的作用十分关键。

（一）财政的作用

中国式现代化不仅要求经济可持续增长，还要求增长成果更好地惠及全体人民、实现共同富裕。财政政策在这两个方面均可以发挥积极的作用。首先，财政政策是推动经济可持续增长的重要手段。我们知道，经济可持续增长要求有良好的基础设施，包括交通等经济基础设施和教育医疗等社会基础设施。就经济基础设施而言，我国交通等传统基础设施已经实现了跨越式发展，而大数据中心、人工智能、工业互联网等新型基础设施还较为薄弱，需要各级政府加大财政投资力度，尽快建设能够提供数字转型、智能升级、融合创新等服务的新型基础设施体系。教育医疗等社会基础设施在很大程度上决定了一个国家的人力资本水平，构成了经济可持续增长的重要动力源泉，也决定了增长的成果能否更好地惠及全体人民。在这方面，我国的缺口还比较大，与人民的期许还有较大的距离，因此需要各级政府加大对教育医疗等领域的财政投入力度。

技术创新同样离不开财政政策的支持。技术创新充满了不确定性和风险，但也存在很大的正外部性，完全依靠市场和企业往往是不足的。这就需要政府利用财政补贴和税收优惠等措施来为企业分担风险，以激励企业更好地进行技术创新，推动技术进步。

其次，财政政策是促使增长成果更好地惠及全体人民、实现共同

富裕的重要手段。共同富裕不仅需要解决绝对贫困问题，也需要缩小收入分配差距。自党的十八大以来，我国高度重视绝对贫困问题，实施了精准扶贫战略，消除了绝对贫困，取得了彪炳史册的巨大成就。今后，在中国式现代化的实现过程中，还需要加大财政政策支持力度，切实防止规模性返贫。

缩小收入分配差距，实现收入分配公平，需要在保障低收入者基本生活的基础上增加低收入者的收入，扩大中等收入群体，并调节过高收入。保障低收入者基本生活的重点在于完善社会保障体系，充分发挥社会保障体系的兜底作用，在这方面既要尽力而为，又要量力而行。增加低收入者的收入、扩大中等收入群体的重点在于坚持多劳多得，鼓励勤劳致富，促进机会公平，完善按要素分配政策制度，探索多种渠道增加中低收入群众要素收入，多渠道增加城乡居民财产性收入。调节过高收入的核心在于完善个人所得税政策，充分发挥个人所得税的收入调节作用，但也需避免对高收入者工作努力和投资努力等的过度抑制。

最后，实现共同富裕还需要着力解决好城乡差距较大和区域发展不平衡等突出问题，这同样离不开财政政策。就中国的实际情况来看，解决好城乡差距问题的核心在于乡村振兴。我国的农村基础设施和农业技术创新还比较薄弱，这是乡村振兴面临的瓶颈，需要加大财政投入力度，着力加以破解。区域发展不平衡的原因有很多，而基本公共服务不均衡无疑是其中重要的一个。这就要求完善政府间转移支付制度，加大均衡性转移支付，促进财政横向均等化。

中国式现代化需要国家治理体系和治理能力现代化为之“保驾护航”。党的十八届三中全会明确提出，财政是国家治理的基础和重要支柱。由此来看，财政的现代化是中国式现代化的一个基础性和支柱性要素。我认为，要实现财政的现代化，需要着力推进以下三个方面的改革：

（1）财政政策的现代化。首先，需要进一步处理好政府与市场的关系，明确市场经济条件下政府的职能定位以及政府干预的合理边界，使市场在资源配置中起决定性作用，同时更好发挥政府作用。其次，需要进一步统筹好发展与安全，要充分发挥财政政策在促进经济社会发展中的积极作用，也要着力确保财政可持续性，防范化解财政风险，尤其是地方政府债务风险。最后，需要进一步完善财政政策体系和治理机制，促进中长期战略规划和短期相机抉择政策，以及总量治理（需求侧）和结构治理（供给侧）的有效协同，提升财政政策的治理效能。

（2）政府间财政关系的现代化。中国式现代化的实现需要中央与地方各级政府的共同努力，现代化的政府间财政关系对于有效调动中央与地方两个积极性是至关重要的。而且，科学合理的政府间财政关系也是规范各级政府行为、构建良好的政府与市场关系的前提与基础。这需要进一步深化改革，构建起目标兼容、激励相容的现代财政体制。其中的关键是要确定科学、合理、清晰的财政事权与支出责任划分、财政收入划分以及财政转移支付制度，形成一个财政收支责任更为匹配，有利于兼顾中央与地方利益、确保分权制度效率和控制道德风险的制度安排，最终实现权责清晰、财力协调和区域均衡的目标。

（3）财政制度的现代化。党的十九大报告强调要加快建立现代财政制度。预算制度的现代化是现代财政制度的重要构成，是推进中国式现代化的重要保障。这其中的重点是进一步推进预算制度的科学规范、公开透明和民主监督。税收制度的现代化也是现代财政制度的重要构成，需要进一步深化改革，且改革的重点应放在公平税制、优化税种结构、健全相关法律法规、完善征管体系上。

（二）金融的作用

我们知道，中国式现代化首先要确保经济的可持续增长，使增量财富源源不断地被创造出来，这就意味着经济增长要有可持续性。

要实现中国经济的可持续增长，就必须推动经济结构转型，促进科技进步，实现产业升级乃至产业迭代。基于科技进步的产业迭代是未来中国实现现代化的先导力量，寄希望于借助传统产业和资源型企业让中国实现现代化，那是不可能的。

我们必须着力推动科技创新、技术进步、产业升级和产业迭代。但是，从新技术到新产业的转化充满了不确定性或风险。一方面，新技术、新产业没有既成的足够的需求，没有确定的市场；另一方面，它们又会受到传统产业的打压和阻挠，所以新技术变成新产业的过程充满了不确定性。这种不确定性超出了单个资本的风险承受边界，更超出了创业者的风险承受边界。社会需要一种机制来分散从新技术向新产业转化过程中的巨大风险。

分散风险必须进行有效的资源配置，这就需要进行金融创新。没有金融创新，从新技术向新产业转化的速度就会减缓，效率也低。回望20世纪80年代，美国和日本的产业竞争力差不多，后来美国之所以大幅度超越日本，就是因为金融创新起到了重要推动作用。硅谷的成功既是科技和产业结合的典范，也是金融创新的硕果。没有金融创新，就不太可能有硅谷。大家只看到高科技、新产业，没有看到金融创新在其中所起的孵化和促进作用，它发挥着分散风险的功能。如果我们只停留在传统金融占主导的金融模式中，实现中国式现代化将会遇到很多困难。

在中国，金融必须承担起推动科技创新、技术进步、产业升级和产业迭代的任务。所以，金融创新呼之欲出、应运而生。无论是基于脱媒力量的金融变革，还是基于科技进步的金融创新，目的都是拓展资本业态、金融业态的多样性。金融创新的结果是金融的结构性变革和金融功能的全方位提升，实现金融功能由单一走向多元。金融功能的多元化和金融业态的多样性，是现代金融的基本特征。

金融要服务于实体经济，很重要的是要服务于代表未来发展方向的实体经济。金融的使命不是复制历史，而是创造未来。如果金融只是保护传统、复制历史，这种金融就是落后的金融。如果金融关注的是未来，金融业态的多样性就会助力产业的升级换代。一个现代化国家经济的竞争力，在于科技的力量、金融的力量，而不在于其他。

资本业态的多样性是金融业态多样性最富有生命力的表现。从天使投资、风险投资 / 私募股权投资（VC/PE）到各种功能多元的私募基金和多种新资本业态的蓬勃发展，都是金融创新的重要表现。

金融服务于实体经济，不仅要满足实体经济对融资的需求，还要满足社会多样化的财富管理需求。随着居民收入水平的提高，社会对财富管理的需求日益多样，需要有与其风险偏好相适应的资产类型。越来越多的人倾向于通过市场化的资产组合进行财富管理，以获得超过无风险收益率的风险收益率。所以，金融体系必须创造具有成长性的风险资产，风险资产的背后是风险收益。满足居民日益多样化的财富管理需求，也是金融服务于实体经济的重要内容。

中国式现代化有一个基本元素，就是金融的现代化。如果金融是传统的，那么说中国实现了现代化，恐怕就要打折扣。所以，中国式现代化当然包括中国金融的现代化。金融的现代化一定包括金融功能的多元化。融资、财富管理、便捷支付、激励机制、信息引导等都是金融的功能，金融体系必须充分发挥这些功能。

金融的现代化意味着金融普惠程度的提高。一个缺乏普惠性的金融很难说是现代化的金融。如果金融只为富人、大企业服务，忽略小微企业的融资需求，忽略中低收入阶层的财富管理需求，这种金融仍然不是现代化的金融。

要实现中国金融的现代化，我们必须着力推进以下三个方面的改革：

（1）进一步深入推进市场化改革。市场化改革最重要的是完成金融结构的转型，其中金融功能结构的变革最为重要。我不太关注金融机构体系，而十分关注金融的功能结构。商业银行的传统业务是存、贷、汇，现代商业银行也有其新的功能，如财富管理。处在靠传统利差生存阶段的商业银行是没有竞争力的，市场估值很低。为什么我们的上市银行盈利很高，在资本市场上估值却很低？这是因为它们功能单一，创新不足。这表明，中国商业银行的创新和转型极为重要。市场化改革最大的任务就是要实现金融功能的多元化。

（2）大幅度提高科技水平。没有科技水平的提高，中国金融的发展就只能走老路，只能步发达国家后尘。我们仅靠脱媒和市场化机制去改革金融体系是不够的，还必须通过技术的力量去推动中国金融的变革和发展。我们要高度重视科技对中国金融的作用，因为科技可以从根本上改变信用甄别机制。金融的基石是信用，防范金融风险的前提是信用甄别。在今天的实践中，传统的信用甄别手段识别不了新的风险，因此，通过技术创新提升信用甄别能力变得非常重要。互联网金融网贷平台从本质上说有其存在的价值，但为什么在中国几乎全军覆没？这是因为它们没有解决相应的信用甄别问题，试图用传统的信用甄别方式去观测线上风险，那肯定是没有出路的。

（3）开放和国际化。封闭的金融肯定不是现代化的金融。现代化的金融一定是开放的金融、国际化的金融。所以，中国金融的开放和国际化是未来最重要的改革方向。这其中有两个基本支点：

第一，人民币的自由化和国际化。人民币可自由交易的改革是必须迈过去的坎，是人民币国际化的起点。在世界前十大经济体中，只有中国没有完成本币的自由化。

第二，中国资本市场的对外开放。在中国资本市场上，2022 年境外投资者的占比只有约 4.5%，而在美国这一占比一般约为 18.5%，在东京、伦敦则超过 30%。当前的中国金融市场实际上只是一个半封闭、半开放的市场。中国金融未来改革的重点就是开放和国际化，这是中国金融现代化的核心内容。唯有这样的金融，才能有效推动中国式现代化的实现。

前言

以1997年银行间债券市场成立为标志，我国现代化债券市场经过多年的发展，取得了辉煌的成就。截至2022年4月末我国债券市场规模接近140万亿元人民币，位居全球第二。债券市场作为现代金融市场的重要组成部分，为促进我国经济高质量发展做出了巨大贡献：为政府实施积极财政政策和企业发展提供了资金支持；是实施货币政策，特别是财政货币政策协调的重要载体；为金融体系提供了定价基准和流动性管理工具；为各类金融机构提供了安全性高的金融投资工具。尽管债券市场发展成绩斐然，但仍然存在改善空间。本书选取涉及中国债券市场发展和建设的一些重要问题进行介绍和分析，提出了一些政策建议，出发点在于为中国债券市场现代化建设献计献策。

本书首先介绍了债券市场发展的基础逻辑，相当于一个债券市场分析的规范性框架。在规范性框架的视角下，重点分析了中国债券市场结构、定量化的债券市场质量评价指标、中国债券市场分割和互联互通、债券市场基础设施建设（登记和托管）、债券违约处置、国债税收、债券市场的对外开放、中国债券市场信用评级以及绿色债券等九个重点领域和问题。对上述问题的基本分析逻辑都是首先厘清现状，其次分析目前存在的核心问题，最后对未来的发展提出相关政策建议。

本书对中国债券市场现代化建设进行了初步探索，希望抛砖引玉，引起债券市场相关人员对这些重要问题的研究兴趣和重视，为建设我国现代化的债券市场而共同努力。

本成果受到中国人民大学 2022 年度“中央高校建设世界一流大学（学科）和特色发展引导专项资金”支持。

目录

第十章
绿色债券的特征、存在的问题及相关建议

第一章
债券市场的功能和发展

1981 年，国家发布了《国库券条例》并恢复发行国债，标志着我国建立现代债券市场的进程启动。1988 年开始试点国债流通转让，1991 年开展国债承购包销，1993 年开始部分无纸化发行试点，由交易所进行托管，通过交易所的电子系统进行交易，国债一、二级市场逐步建立。1994—1997 年间，债券以国债和政策性金融债为主，同时有少量企业债出现在市场上，上市地点均为交易所。但是随后债券市场发展出现了一些问题，如行政审批分配国库券指标、将亏损企业债券通过银行柜台卖给个人投资者、市场不透明以及重股轻债等，甚至出现了企业债无法偿付引发社会矛盾、“327 国债期货”事件以及银行资金大量流入股市等很多问题。

亚洲金融危机的爆发让理论界和各国政府对发展债券市场的重要性有了新的认识，并着力发展债券市场。1997 年上半年，随着股市大涨，大量银行资金通过交易所债券回购方式流入市场，引发了市场风险等诸多问题。出于监管维护金融稳定、防范金融风险的需要，1997 年 6 月，中国人民银行发布《关于各商业银行停止在证券交易所证券回购及现券交易的通知》，要求商业银行全部退出沪深交易所市场，商业银行在交易所托管的国债全部转到中央国债登记结算有限责任公司（简称“中央结算公司”），回购和现券交易也都通过全国银行间同业拆借中心的交易系统进行，银行间债券市场正式启动。从债券市场的发展历史来看，1997 年面向机构投资者的场外市场——银行间债券市场的建立以及中央托管机构的设立，是决定债券市场发展的最重要的制度安排。2004 年以后，中国人民银行又以市场化的方式推动公司信用类债券市场发展，其中包括成立中国银行间市场交易商协会，实行企业债务融资工具发行注册制，这些措施极大地促进了信用债市场的发展。监管竞争也推动了国家发展和改革委员会（简称“发改委”）对企业债和中国证券监督管理委员会（简称“证监会”）对公司债放松管制，债券市场由此进入了快速发展的新阶段，债券市场规模快速扩大、质量不断提高。

经过 40 年左右的发展，中国债券市场已成为全球第二大债券市场：债券市场机构投资主体和投资者类型多元，债券创新产品丰富，市场交易活跃度和流动性稳步上升，债券托管、结算、清算等基础设施运行高效，市场化约束机制健全。更重要的是，债券市场制度规则和运行机制不断完善，深度、广度不断拓展，对外开放力度不断加大，债券市场已经发展成多层次资本市场的重要组成部分。

但在我国债券市场发展过程中仍然存在一些亟待解决的重要问题：债券市场的定价效率不高，存在一些非市场化因素；债券信息披露制度不完善，信用评级质量不高；债券市场的发行制度、交易制度和税收制度不够完善，影响了债券市场流动性；金融基础设施和市场规则缺乏统筹协调；债券衍生工具市场发展相对滞后，无法为债券投资者提供高效率的风险管理工具；债券违约处置机制存在缺陷，对投资者保护不够。本书基于金融理论对中国债券市场发展进行深入分析，以期对中国债券市场的完善和发展提出政策建议。

一、债券市场的本质功能

债券市场就是指债券的发行与交易场所以及一系列的制度安排。现代金融学理论认为，金融体系的核心功能主要有四个：解决信息不对称问题、管理风险、提供流动性和提供托管、支付、结算服务。债券市场作为金融体系的一部分，也同样发挥着上述四个本质功能。

从本质上看，资金的需求者（融资者）主要通过两种金融合约进行融资：债务合约和股权合约。债务合约是融资者向资金提供者提供固定收益（还本付息）的承诺，而股权合约则是融资者和资金提供者风险共担、收益共享。从融资者的角度看，融资需求来自赤字，赤字有两种，即消费赤字和资本赤字，分别是消费支出和资本支出超过了收入和自有资金。消费赤字只能通过债务融资弥补，而资本赤字则可以通过债务融资和股权融资两种方式解决。从投资者的角度看，债务合约的信息不对称问题更小、更容易解决。只要债务人能够按时还本付息，债务人的机会主义行为就不会影响债权人（投资人）的利益，债务合约的风险就更小。而股权投资人则会面临融资者的机会主义行为造成的损害，因此股权合约的风险更大。所以，股权合约需要更多的监督成本，解决股权合约的信息不对称问题需要更多、更完善的外部条件，如信息披露制度、监管制度、会计制度和法律制度等。因此，在人类历史上，债务合约的出现要远远早于股权合约，而且直至今天，主要国家的债务融资规模和余额均超过股权融资的规模和余额。

为了解决债券投资者的变现问题，即解决债权资产的流动性问题，债券市场应运而生。金融体系将非标准化的、流动性差的债权资产转换为标准化的、在金融市场可交易的、流动性高的金融资产——债券，甚至将流动性极低的个人住房抵押贷款打包作为基础资产发行标准化债券，即资产证券化。

债券投资者面临的主要风险包括信用风险、利率风险、通货膨胀风险和汇率风险（国际债券）等。债券市场的一个重要功能就是管理风险。债券市场解决信息不对称问题很大程度上是为了防范信用风险。除了防范风险外，债券市场还对各种风险进行识别、衡量和定价，让有能力、愿意承担风险的机构在承担风险的同时获得适当的风险报酬。债券市场创造了多种利率衍生产品和信用风险衍生产品，如远期合约、利率互换合约、利率期货、利率期权以及信用违约互换（CDS）产品等。

同样是为了解决信息不对称问题、管理风险、提供流动性以及提供托管、支付、结算服务等，债券市场产生了各类金融机构。证券公司作为承销商解决了债券发行中的信息不对称问题并为债券进行准确定价；评级机构、律师事务所、会计师事务所的主要功能都是解决债券市场的信息不对称问题；货币经纪公司、做市商的主要功能就是解决债券二级市场交易中的信息不对称问题和提供流动性。债券市场基础设施服务机构的功能就是高效率、低风险地完成债券发行和交易，如债券市场的交易平台以及登记、结算机构等。债券市场的绝大部分交易都是由专业机构投资者完成的，这些机构投资者在完成价格发现和提供流动性的功能外，还通过多元化投资有效地消除了非系统性风险，从而降低了总风险。当然，不论是债券发行者还是金融机构都可能为了利益而欺诈投资者，投资者本身由于知识的缺陷和人性的弱点也可能不适合一些风险较大的投资。因此，为了解决上述市场失灵问题，需要政府对债券市场进行必要的监管，保护投资者利益。

综上所述，判断债券市场质量的高低，就是看债券市场是否高效率地发挥了解决信息不对称问题、管理风险、提供流动性和提供托管、支付、结算服务等功能。从历史发展角度看，影响债券市场规模、发展速度以及质量的因素就是与上述四个功能相关的各类因素。

二、债券市场发展简史

由于债务合约的信息不对称问题更容易解决，在人类历史的长河中，债务合约出现的时间远远早于股权合约。人类历史最早的债务合约记录出现于公元前 2 400 多年前的美索不达米亚地区。考古发现的黏土板上详细地记载了债务人违约需承担的后果，债务合约的计价单位是小麦。记载的内容显示该债务合约可以转让、买卖。现代意义上的、能够在市场自由流通的债券出现于中世纪，一些意大利的城市共和国的国王为了弥补赤字或是筹措战争经费而发行债券。这类债券的信用依赖于国王的征税能力、预期寿命和还款意愿，具有很强的人格化属性。国王借款不还在历史上屡见不鲜。16 世纪荷兰共和国发行的债券则由于议会的背书而摆脱了国王人格化属性，属于真正意义上的政府债券。

美国债券市场是当今全世界规模最大、流动性最强的债券市场，其发展历史非常具有代表性。美国最早出现的债券也是政府债券，独立战争时期大陆会议（联邦政府）为筹措战争经费发行了形式多样的内、外债，战争结束后，联邦政府决定承担大陆会议发行的所有内、外债以及各州政府发行的公债，并把形形色色的各类债券转换为几种标准化债券在纽约证券交易所进行交易，这个非凡的举措不仅极大地提高了政府债券的流动性，而且为美国债券市场成为全世界最大债券市场打下了良好的开端，甚至可以说是决定美国金融市场未来突飞猛进发展的关键决策。从美国建国直到今天，总体来看美国政府债券规模不断增长，原因无非两个：为战争筹措经费和弥补财政赤字。由于凯恩斯主义为政府克服经济衰退实施积极财政政策提供了理论支持，二战后历次经济衰退和危机都促进了政府债券规模的激增。

除了政府债券外，美国债券市场的另一个重要品种就是公司债券。随着美国经济迅猛发展，债券成为企业重要的外部融资来源，发行规模和存量都超过了股票融资。最初发行债券的企业是铁路、航运等资产雄厚、现金流稳定的企业，后来一些规模巨大、声誉良好的能源类和制造业企业也逐渐加入发行债券的行列中。这些发债企业能够较好地解决债券融资中的信息不对称问题并具有规模经济效应。20 世纪 80 年代左右，随着计算机和通信技术的发展，债券市场获得和处理信息的成本大大降低，伴随着企业并购风潮，高收益债（其另一个不友好的名字是垃圾债）的发行出现了井喷之势，尽管高收益债一度出现违约风潮，但高收益债作为中小企业融资工具在违约风潮过后获得了长足的发展并在公司债券市场上占有一定地位。滥觞于 20 世纪 80 年代左右的资产证券化技术给债券市场带来了革命性变化，金融机构以大量流动性差、收益率高的个人住房抵押贷款作为基础资产发行了抵押支持债券（mortgage-backed security，MBS），并在此基础上发行了其他多种资产证券化债券。资产证券化债券作为一个债券品种异军突起，迅速成为美国债券市场上的重要品种，与政府债券和公司债券形成三足鼎立的局面。

根据美国证券业与金融市场协会（Securities Industry and Financial Markets Association，SIFMA）的统计，截至 2020 年底，美国债券市场存量达到 50.14 万亿美元，在全球债券市场中的占比超过 30%，存量规模和交易规模都是世界第一。美国债券市场流动性高，价格能够及时、准确地反映相关信息，至少达到半强有效程度，成为美国金融体系的重要组成部分，发挥着重要功能。

三、债券市场发展的逻辑

纵观债券市场发展历史，可以总结出债券市场发展的几个重要特征：一是发行主体从政府逐渐扩展到大企业、中小企业甚至个人（MBS 从本质上看就是住房贷款申请者发行债券），涵盖了所有的发行主体。二是金融体系中债权合约证券化的趋势越来越显著，标准化债券在债务合约中的比重越来越高。早期主要是由银行为企业提供贷款，随着债券市场的发展，大企业通过发行标准化债券来融资，资产证券化技术可以将原来非标准化的债务合约转换为债券。三是债券市场分工越来越专业化，早期债券市场解决信息不对称问题的机构是投资银行（承销商）、会计师事务所、评级机构和投资机构，后来银行以及金融科技公司（如电商等）通过资产证券化形式发行债券。例如，电商通过场景消费提供消费信贷，再将消费信贷资产转换为资产支持债券（asset-backed security，ABS），在此过程中电商发挥了解决信息不对称问题的重要作用。随着债券市场金融创新的不断进行，利率互换、期货和期权以及信用违约互换（credit default swap，CDS）等管理信用风险的衍生工具开始出现并快速发展，二级市场上的经纪机构和做市商机构也日益强大，债券托管人和专业投资于陷于财务困境债券的秃鹫基金等债券投资专业机构不断涌现。四是机构投资者和场外市场交易逐渐占据主导地位。从债券市场发展历史来看，国际主流债券市场经历过由面向中小机构和个人投资者的交易所为主导，逐渐转向以面向机构投资者的场外市场为主导的市场结构，场外市场以做市、协议定价等为主流价格成交方式。之所以发生这种转变，是因为债券交易呈现个性化、大额交易的特征，机构投资者的风险识别和风险承担能力更强。当前成熟的债券市场都是通过承销商、做市商、经纪商等中介机构引导市场定价和分层。场外交易市场无固定交易场所，通常是由一个债券做市商和经纪商联络并组成报价系统，主要由做市商通过报价系统向投资者提供报价，而做市商之间的交易主要通过经纪商完成。近年来，随着通信、网络等技术的发展和电子化交易平台的崛起，做市商之间直接进行交易的情况也逐渐增多。做市渠道的丰富、市场的分层、有效的价格发现使得不同投资偏好、不同风险属性的投资者可以快速找到合适的交易对手和最优价格，对于提升市场有效性和流动性有极大帮助。

四、债券市场不可替代的作用

高效率的债券市场在金融体系中发挥着重要的、不可替代的作用。公司举债融资时既可以申请银行贷款，也可以发行债券。一个国家即使商业银行体系很完善，也需要发展债券市场，因为商业银行与公司债券市场在很大程度上不是替代关系，而是相辅相成的关系。银行更适合提供中短期贷款，否则存贷款的期限错配问题就会很严重，企业长期资本支出通过发行期限匹配的债券来融资则更适当。商业银行与贷款企业之间形成了长期关系，而且商业银行拥有贷款企业的私有信息，商业银行可以从整个经济周期角度考量企业风险，为其提供长期的贷款服务。银行能更好地对冲企业跨时风险，其在长期内可以要求一个比较稳定的贷款利率，而不会在短期内根据企业的风险频繁调整利率，这可以极大地减少企业融资成本的波动性，降低企业风险。由于银行拥有企业的私有信息、流动性差以及为企业提供跨时的风险对冲，所以银行会收取更高的风险报酬。而信息不对称问题不严重的大企业则可自主选择在成本最低时发行债券。完善的公司债券市场还可以为银行管理流动性提供工具：银行可以投资一定比例的公司信用类债券，从而提高资产组合的流动性。另外，银行也可以将一部分资产通过证券化方式转换成债券。从保险公司、养老基金等机构投资者的角度看，长期公司债券是满足未来偿付支出需要的最合适的安全投资工具。从防范系统性金融风险的角度看，发达债券市场在银行体系陷于危机时，可以帮助企业进行债务融资，降低银行危机的负面影响。富有活力的债券市场也会对银行形成竞争压力，促进银行体系提高效率和进行创新。

除了公司信用债券市场外，完善的政府债券（利率债）市场构成了金融体系的基石。由于政府债券没有信用风险，安全性最高，其价值（以及价格）非常稳定，同时可以获得一定的收益以弥补时间价值，另外，由于政府债券发行规模巨大，导致政府债券流动性往往也最高，所以，政府债券市场为整个金融体系提供了最基础、最广泛的流动性。从微观上看，政府债券成为金融机构管理流动性的最重要工具：金融机构将流动性资金投资于政府债券，当其需要流动性时，既可以将政府债券卖出，也可以将政府债券作为抵押品开展回购交易从而获得流动性；从宏观上看，政府债券市场的流动性是整个金融体系最核心的部分，中央银行也是通过政府债券市场来管理整个金融体系的流动性的。

政府债券市场的收益率曲线则成为整个金融市场的基准利率。其他金融资产的收益率都是基准利率再加一个风险报酬。①现代投资组合理论揭示：在风险资产组合中加入无风险资产（政府债券），会提高所有投资者的福利水平。而一个国家的货币成为国际货币的前提就是拥有一个完善的政府债券市场，只有这样，外国投资者才能将获得的货币资金投资于政府债券，以获得安全性、流动性和盈利性的最优组合。

正是由于政府债券市场具有高安全性、高流动性、价格的基准性以及投资者的广泛性，政府债券市场成为中央银行实施货币政策的重要场所。

---

① 如果金融衍生品市场发达，就可以为信用风险、流动性风险等各类风险准确定价，如 CDS 市场就可以为信用风险定价。

第二章
中国债券市场基本情况与结构分析

债券市场作为金融体系的重要组成部分，在支持实体经济发展（优化企业融资结构、降低融资成本）、实施有效的财政政策及货币政策和高效配置资源等方面发挥着重要作用。自 1981 年国债恢复发行起，中国债券市场克服重重困难获得了巨大发展。中国债券市场在世界债券市场中占据越来越重要的地位。债券市场的发展可以从两个直观维度体现出来：规模增长和体系完善。规模可以进一步分为存量规模、发行规模和交易规模三个方面。债券市场的发展除了体现在规模增长上，更重要的是体现在结构的改善和质量的提高上。本章将重点分析中国债券市场、债券产品、投资者结构与特征，并通过数据分析以及与其他国家的比较来探究形成中国债券市场结构的背后原因，并发现中国债券市场还可以从哪些方面加以改进。下一章将重点分析债券市场质量。

一、我国债券市场概览

2012—2021 年的十年间我国债券发行量不断增加，市场规模不断扩大，债券市场存量余额从 2012 年的 26.28 万亿元增长到 2021

年的 133.5 万亿元（股票市场总市值约为 96 万亿元），十年间扩大了 4 倍多。目前我国债券市场存量规模位居世界第二位。2021 年债券市场共发行各类债券 61.9 万亿元（股权市场约 1.8 万亿元）。债券余额占 GDP 的比重也不断增加，2012 年债券余额占 GDP 的比重为 48.8%，到 2020 年，这一比例增长到 112.5%，如图 2-1 所示。以我国股票市场为参照系来看，2012 年我国股票市场总市值为 24.30 万亿元，与债券市场规模相当；到了 2020 年 12 月，我国股票市场总市值增长到了 79.92 万亿元，而同期我国债券市场存量已达 114.27 万亿元。可见，与我国股票市场相比，我国债券市场规模更大，扩张速度也更快，由此可以看出，债券市场已经成为我国政府和企业重要的融资渠道，债券融资成为我国企业仅次于贷款的第二大融资渠道。

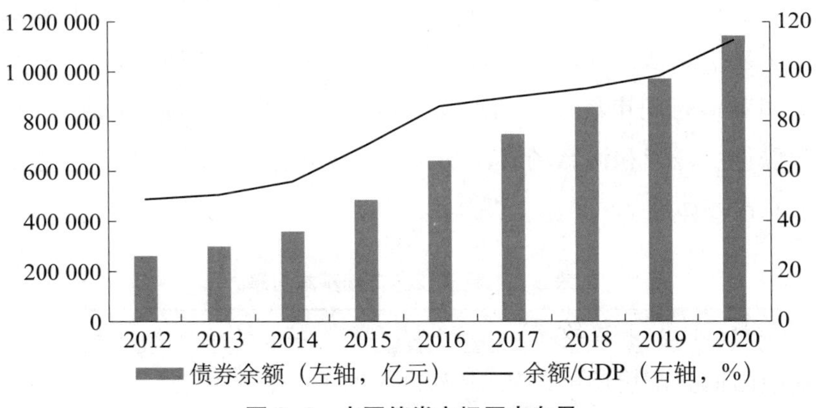

图 2-1　中国债券市场历史存量

资料来源：Wind.

债券市场也是机构投资者、个人投资者和国际机构投资者的重要投资场所，债券市场还是货币政策传导的重要平台。2021 年，债券市场现券交易量为 243.4 万亿元（银行间债券市场现券成交 214.5 万亿元，交易所债券市场现券成交 28.9 万亿元），柜台债券市场成交

4 988.8 亿元，而 2006 年现券交易量仅为 10 万亿元左右。另外，货币市场和银行间衍生品市场成交量持续增长。央行数据显示，2021 年，银行间货币市场成交（质押式回购、买断式回购和同业拆借）共计 1 164.0 万亿元。交易所标准券回购成交 350.2 万亿元。银行间本币衍生品市场共成交 21.4 万亿元（其中，利率互换名义本金总额为 21.1 万亿元，同比增长 7.5%；标准债券远期成交 2 614.8 亿元），信用风险缓释凭证创设名义本金 295.2 亿元，信用违约互换名义本金 36.3 亿元。国债期货共成交 27.5 万亿元。

债券市场的规模和交易量迅速增长的前提是债券市场的交易、登记和托管体系日益完善，债券品种日益丰富，参与主体日益多元化。表 2-1 总结了目前我国债券市场的基本信息。我国已经建立了以中国人民银行、国家金融监督管理总局、证监会、发改委为主要监管机构，以银行间债券市场、交易所债券市场、柜台债券市场为主要交易场所，以中国证券登记结算有限公司（以下简称“中证登”）、中央结算公司和银行间市场清算所股份有限公司（以下简称“上清所”）为债券登记、托管和清算场所，场内外市场并存、分工合作、互通互联的债券市场体系。

表2-1 我国债券市场基本信息

货币	人民币（CNY）
主要交易场所	现货：银行间债券市场、交易所、商业银行柜台 期货：国债期货市场
主要交易方式	现券交易 回购交易 债券借贷 债券远期 国债期货
债券品种	政府债券 中央银行票据 政府机构支持债券

续表

货币	人民币（CNY）
债券品种	金融债券 非金融公司信用债券（公司债、企业债、非金融企业债务融资工具等） 资产支持债券 熊猫债券
交易时间	银行间债券市场　9:00—17:00 交易所　9:30—11:30，13:00—15:00 商业银行柜台　10:00—15:30（柜台流通式债券业务） 8:30—16:30（储蓄国债电子式业务） 中金所国债期货　9:15—11:30，13:00—15:15 9:15—11:30（最后交易日交易时间）
结算机制	全额结算 净额结算
托管机构	中央国债登记结算有限责任公司：负责政府债券和企业债券的总托管及政策性银行债、政府支持机构债、信贷资产支持证券等品种的托管 中国证券登记结算有限公司：负责政府债券和企业债券的分托管及公司债券等品种的托管 银行间市场清算所股份有限公司：负责非金融　企业债务融资工具和同业存单的托管
其他中介	货币经纪公司 结算代理人 估值机构 评级机构 会计师事务所 律师事务所 绿色债券评价认证机构
监管机构	中国人民银行、发改委、国家金融监督管理总局、证监会

资料来源：中央结算公司。

经过多年创新和发展，目前我国债券种类繁多。大体而言可以分为利率债和公司信用债两大类。前者没有信用风险，包括国债、地方政府债券、政策性金融债、央行票据，后者涵盖企业债、公司债、非金融企业债务融资工具（如中期票据、短期融资券等）、资产证券化类债券、金融债、同业存单等。债券市场参与主体多元化程度很高，包括债券发行者（包括中央及地方政府、中央银行、政府支持机构、金融机构、企业法人、境外机构)、债券投资者(包括商业银行、信用社、非银行金融机构、证券公司、保险公司、基金公司、非金融机构、非法人机构投资者、个人投资者和境外机构投资者)和债券市场中介服务机构(包括承销商、货币经纪公司、做市商、结算代理人和评级机构等)。以最具代表性的银行间债券市场为例，截至 2020 年末，银行间债券市场各类参与主体共计 27 958 家，较上年末增加 3 911 家。其中境内法人类主体共 3 123 家，较上年末增加 41 家；境内非法人类主体共计 23 930 家，较上年末增加 3 734 家；境外机构投资者 905 家，较上年末增加 136 家。

将我国的债券规模和增长速度放在国际视角中比较会得出一些有意义的结论。2000 年，美国债券余额为 18.96 万亿美元，债券余额分别是中国和日本的 59.25 倍和 5.15 倍。2020 年，美国债券余额上升至 50.14 万亿美元，债券余额分别是中国和日本的 2.88 倍和 4.76 倍。显然，中国这 20 年来的债券市场规模增速远高于美国和日本(见图 2-2)。

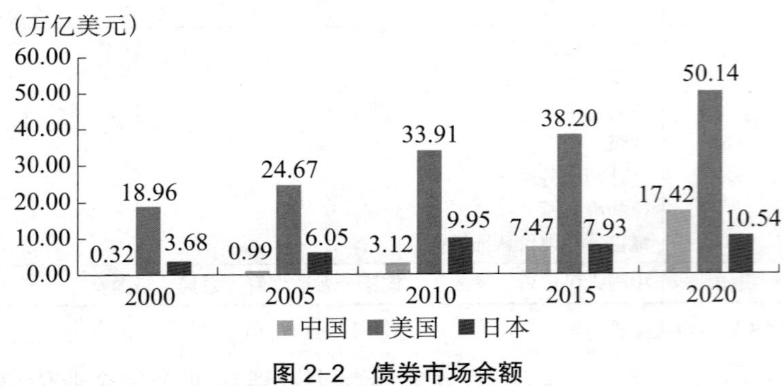

图 2-2 债券市场余额

资料来源：Wind.

从全部债券余额占 GDP 的比重来看，美国自 2000 年以来基本均维持在 200% 以上，而日本则呈现逐步上升的特征，已由 2000 年的 81.14% 左右升至 2020 年的 179.34%，中国的该比重从 2000 年的 26.42% 升至 2020 年的 112.8%(见图 2-3)，呈现快速上升的特征，但是债券比重仍然偏低。

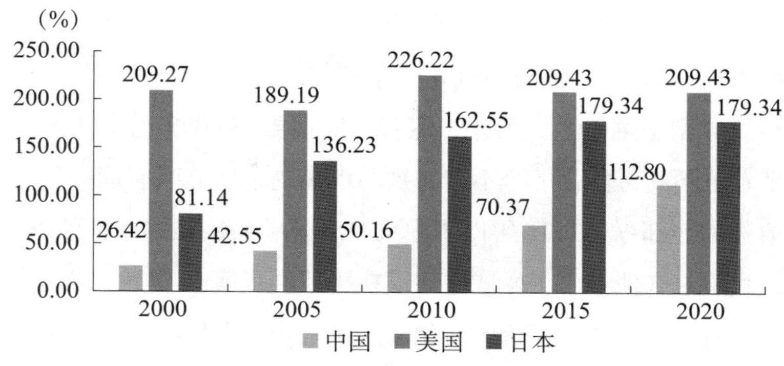

图 2-3　全部债券余额 /GDP

资料来源：Wind.

中国全部债券余额占 GDP 的比重不高，主要原因在于中国公司信用类债券和国债的比重不高，但这并不意味着中国企业和政府未来发债空间很大。中国金融体系是银行主导型的间接融资体系，银行信贷而非债券是企事业单位最重要的融资方式。中国人民银行数据显示，2021 年末社会融资规模存量为 314.13 万亿元，其中对实体经济发放的人民币贷款余额为 191.54 万亿元，企业债券余额为 29.93 万亿元。对实体经济发放的人民币贷款余额占同期社会融资规模存量的 61%，企业债券余额占比 9.5%。政府债券余额为 53.06 万亿元，占比 16.9%。自二战结束至 20 世纪 80 年代末，美国非金融企业债权融资中，债券融资和信贷融资规模占比维持在 50% 左右。

自 1990 年起，债券融资开始超过信贷融资，成为美国非金融企业最重要的债权融资渠道。截至 2021 年 4 月，美国非金融企业债权融资中债券融资的规模占比已高达 65.2%，见图 2-4。我国非金融企业债权融资中 85% 以上为信贷融资，这与美国存在本质差别。在全球主要经济体中，欧盟、日本等国家或地区的非金融企业债权融资同样以信贷融资为主，债券融资占比也不及 30%。央行数据显示，我国 2021 年末非金融企业部门杠杆率为 153.7%，我国非金融企业与其他国家相比整体负债率已经很高，发达国家中日本的非金融企业杠杆率为 115.6%、美国为84.6%，全球主要发展中国家很少有超过70%的。所以，我国公司信用类债券占GDP比重不高这个事实，只是在一定程度上反映了我国银行主导型金融体系。另外，尽管政府债券占GDP比重从国际比较视角来看也不高，但是一个不容忽视的事实是，地方政府债券只占地方政府债务的一部分，2021年以来中央政府开始遏制地方隐性债务增长。所以，我国未来债券市场发展空间不在于债券规模占GDP比重的提高，而在于信贷融资向债券融资的转化（间接融资向直接融资转化）以及地方政府债务中地方政府债券比例的提高。

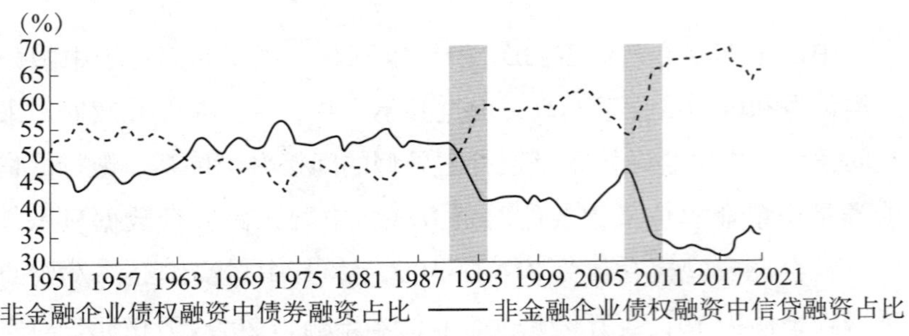

图 2-4 美国非金融企业债券融资和信贷融资占比

资料来源：FRED.

二、我国债券市场结构分析

（一）产品结构分析

1. 按债券品种划分

中国债券市场通过不断创新，从最初的国债、政策性银行债和企业债等几个有限债券品种发展到18个大类、30多个小类。中国债券按照发行主体分类主要包括：政府债券（国债和地方政府债券）、央行票据、金融债[①]（政策性金融债、商业银行债、保险公司和证券公司债

① 政策性银行债，简称政金债，属于无风险的利率债。

券以及同业存单）、非金融企业发行的公司信用类债券（企业债、公司债以及中期票据、短期融资券、定向债务融资工具等非金融企业债务融资工具等）、资产证券化债券、政府支持机构债（铁路与中央汇金发行）和国际机构债（熊猫债）。债券市场不断推陈出新，在支持绿色发展方面，推出绿色系列债券，包括绿色金融债券、绿色资产证券化产品、非金融企业绿色债务融资工具、碳中和债等；在支持中小企业融资需求方面，推出中小企业集合票据、中小企业私募债、小微企业扶持债券、小微企业增信集合债券、创投企业债券等；在衍生产品方面，推出利率互换、国债期货、信用缓释工具等。

截至 2021 年末，我国债券市场存量规模突破 130 万亿元。规模最大的债券是政府债券 53.33 万亿元（地方政府债余额 30.30 万亿元，国债余额 23.03 万亿元），占比为 42%（=24%+18%），其次是金融债，余额 30.53 万亿元，占比为 24%，再次是非金融公司信用类债，余额 24.77 万亿元，占比为 19%。而同业存单增速惊人，2021 年达到 13.9 万亿元规模，占比为 11%，资产证券化产品为 5.12 万亿元，占比仅为 4%（见图 2-5）。

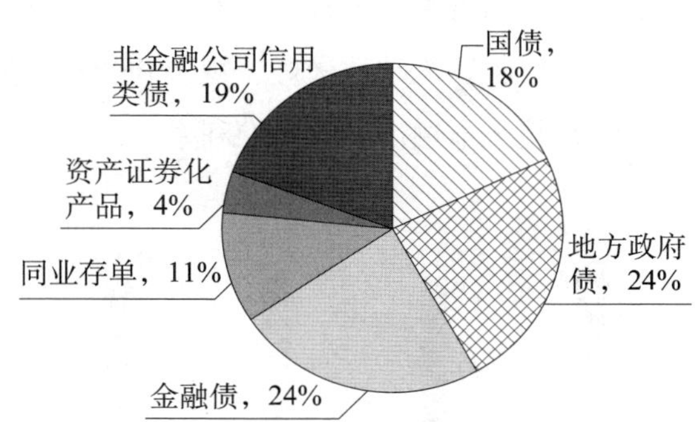

图 2-5　我国债券市场主要品种结构

资料来源：Wind.

将我国的债券品种结构放在国际视角中比较会得出一些有意义的结论。首先，我国国债比例低，且呈现逐步下降的趋势，从 2000 年的 61.13% 降到 2020 年的 18.04%。日本国债占其全部债券的 93% 左右，且2005年以来一直保持在90%以上。美国国债在其全部债券中的比重则呈现稳步上升的特征，已由2005年的16.9%升至2020年的40.63%（见图2-6）。日本由于20世纪80年代末资产价格泡沫破灭后，经济陷入衰退，企业更倾向于偿还债务而不是通过发债扩大投资，日本中央政府通过发债实施积极财政政策就成了克服经济衰退的唯一选择了。而美国企业和地方政府债务融资相对稳定，促进经济增长的职能只能由联邦政府通过举债增加财政支出来承担。我国在2008年金融危机后，为了促进经济增长主要依靠地方政府、企业（特别是房地产企业）和家庭（房贷和消费贷）加杠杆来实现，中央政府举债的规模反而增长有限。2000年，美国国债余额为3.21万亿美元，国债余额分别是中国和日本的16.05倍和1.02倍。2020年，美国国债余额为20.37万亿美元，国债余额分别是中国和日本的6.49倍和2.07倍。中国这20年来的债券市场规模增速远高于美国和日本，而国债占比反而大幅度下降，显然，非国债债券品种的增速要远超国债，非中央政府部门债务规模的速度超过了中央政府的发债速度。国债占整个债券市场的比例之所以重要，是因为国债在发达国家都是无风险、流动性最好、规模和交易量最大的债券品种，国债收益率曲线是整个金融市场的基准利率。

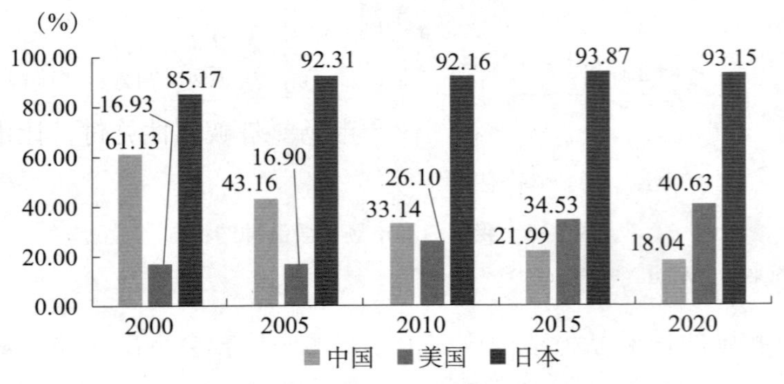

图2-6 国债余额/全部债券

资料来源：Wind.

其次，我国真正的公司信用债券比例过低。公司信用类债券的信息不对称问题是最难解决的，如果该类债券发展良好、比重较高，则从一个侧面说明该国债券市场质量较高。

按照大类来分，美国债券市场上的主要品种包含国债、市政债、联邦机构债、公司债、货币市场工具、资产证券化债券（MBS 和 ABS）。据美国证券业与金融市场协会（SIFMA）披露，截至 2020 年末，美国债券市场总规模为 50.9 万亿美元，其中，国债 21 万亿美元，抵押贷款相关证券 12.7 万亿美元（MBS 11.2 万亿美元，ABS 1.5 万亿美元），公司债 10.60 万亿美元，市政债 4 万亿美元，联邦机构债 1.7 万亿美元，货币市场工具 1 万亿美元。从占比来看，美国国债体量最大，2020 年年末的余额约占债券市场总规模的 41.2%，其次是资产证券化债券，占比 25%，公司债占比 20.8%，市政债占比 7.9%，联邦机构债占比 3.3%，货币市场工具占比则仅为 1.9%。

需要指出的是，美国债券分类标准与我国存在差异。例如美国金融债属于公司债，但是我国金融债，特别是比重很高的政金债则有国家信用背书，属于利率债。美国市政债与中国的地方政府债也不完全对应，美国市政债有信用风险，中国地方政府债券则没有。中国真正意义上的信用债（剔除同业存单和金融债，只包括公司信用类债券和资产证券化债券）占比为 22%，而美国该比重（剔除国债和联邦机构债）为 55.5%。这意味着中国债券市场上信息不对称问题的解决更多依赖于政府信用。未来发展我国债券市场要打破刚性兑付，让市场机制在债券定价和违约处置中发挥更大作用。

再次，我国地方政府债比重高，达到了 24%，如果算上城投债，大约在 30%，还有规模巨大、无法准确统计的地方政府隐性债务和或有债务。而美国市政债的比重仅为 7.8%，原因在于两国的财政体制差异：美国地方政府只负责提供公共产品，而中国地方政府还肩负着促进经济增长的职能；我国地方政府分税制改革后收支存在较大的结构性缺口。以上两个因素解释了我国地方政府债券比重高的现象。未来地方政府债比重的变化方向取决于中央和地方政府财政支出效率与地方政府债务风险的权衡。

最后，我国资产证券化产品债券比重过低。我国这一比重仅为4%，美国则为25%。资产证券化通过风险隔离和基础资产现金流而非发行主体来保证偿付，也极大提高了基础资产的流动性。债券市场资产证券化是未来的发展方向，应该从法律、制度建设等方面促进资产证券化的发展，在这方面我国发展空间很大。

2. 按债券剩余期限划分

除了按照种类来划分债券品种结构，不同债券的剩余期限类型也是值得讨论的话题。

以2020年为例进行分析，首先，从债券发行期限看，2020年发行的债券以短期为主，其中1年以下期限品种占同期债券发行量的72.34%，1～3年期、3～5年期、5～7年期、7～10年期以及10年及以上期限占比分别为13.01%、7.94%、2.09%、2.08%和2.55%，5年期以下债券合计占比93.29%（见图2-7）。

其次，对我国2020年债券市场债券剩余期限的结构进行分析，我国不同剩余期限债券的分布并不均匀，以1年以内的短期债券为主，

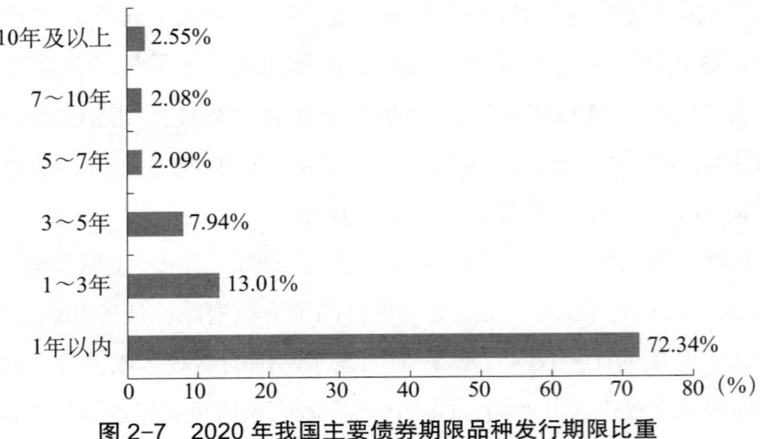

图2-7　2020年我国主要债券期限品种发行期限比重

资料来源：Wind.

其余额占我国债券市场的26%，数量占比更是达到了47%。一般地，从期限长短来看，债券期限越长，其数量和余额占比越低，但是有两处例外：第一处是4～5年期债券，其余额和数量都略高于3～4年期债券，占比分别为10%和8%；第二处是8年期以后的三类债券，它们数量和余额的占比都随着债券期限的增加而越来越高，10年及以上期限的债券，其余额占比达到了8%（见图2-8）。

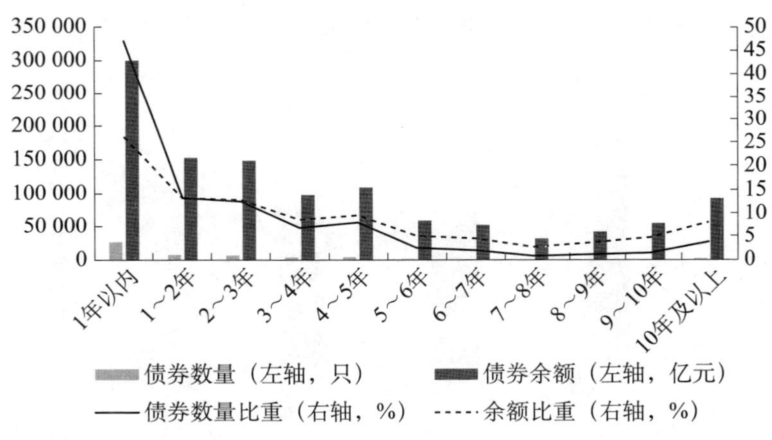

图2-8　2020年我国债券（按剩余期限）数量、余额及其比重

资料来源：Wind.

公司类信用债券发行时的到期期限结构更能反映经济体系融资需求的期限结构。分期限来看，政府债设定到期期限时更多地考虑收益率曲线完整程度以及市场的流动性等。2021年我国信用债发行期限在3年以内的债券占发行总量的比重超70%。1年以内、1～3年、3～5年、5年及以上信用债发行规模分别为5.56万亿元、3.71万亿元、2.72万亿元和0.56万亿元，占比分别为44%、30%、22%和4%（见图2-9）。比较而言，美国公司债的大部分期限都超过了7年，中长期期限的公司债占了更大的比重。7～10年最多，20～30年和3～5年次之，1年以内和30年以上均很少（见图2-10）。所以中国债券期限总体而言非常短，主要集中在1年以内，7年以上的债券比重非常小；而美国正相反，债券相对集中在7年以上的中长期，1年以内的几乎少见。我国债券投资者整体上偏好的期限偏短，债券市场上缺少养老金和人寿险公司这类长期机构投资者，导致企业发行长期债券需要支付过高的期限溢价。另外，中国企业发债资金用途更多的是满足流动性支出和还债需要而非长期资本支出。债券发行短期化加大了企业的还债压力，也不利于企业长期稳定投资，最终影响企业的发展和经济增长。从债券供需两方面解决债券发行期限短期化的问题应列入我国未来债券市场发展的重要议题。

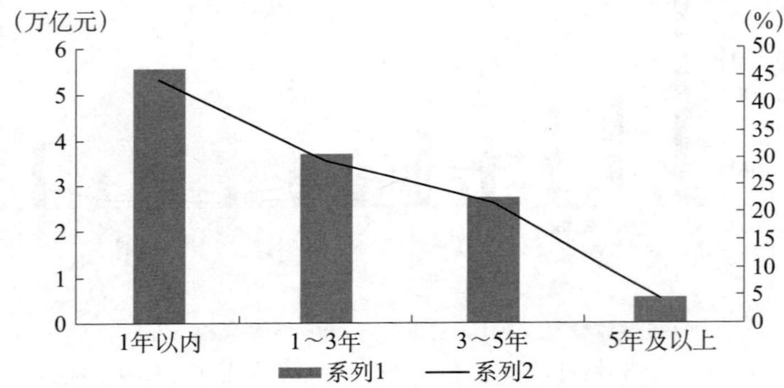

图 2-9　2021 年中国信用债发行期限比重（按金额）

资料来源：Wind.

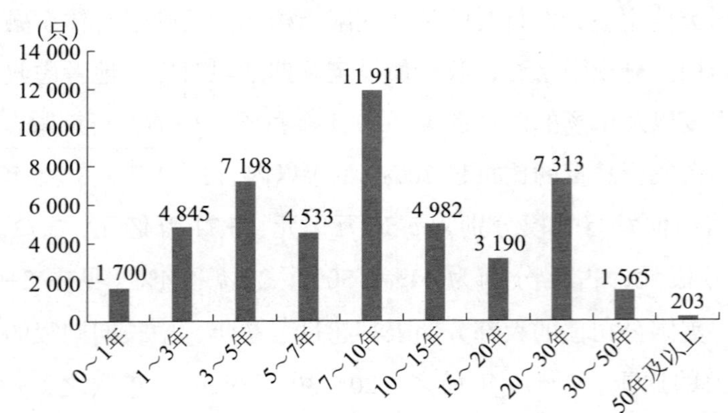

图 2-10　美国公司债期限结构（按存量债只数）

资料来源：Bloomberg，数据截止日为 2020 年 4 月 27 日。

（二）市场结构分析

我国债券市场分为银行间债券市场、交易所债券市场和银行柜台债券市场，此外还包括区域交易中心（如地方金交所）、机构间产品报价系统、自贸区等其他小众市场。其中交易所债券市场属于场内市场，而银行间债券市场、银行柜台债券市场则属于场外市场。我国银行间市场和交易所债券市场的区别见表 2-2。

表2-2　我国银行间债券市场与交易所债券市场比较

<table>
<tr><th></th><th>银行间债券市场（一级托管）</th><th>交易所债券市场（二级托管）</th></tr>
<tr><td>投资者</td><td>机构（银行、非银行金融机构、企业、事业机构等）</td><td>非银行金融机构（目前银行也被允许进入交易所）、非金融机构、个人</td></tr>
<tr><td>监管机构</td><td>央行</td><td>证监会</td></tr>
<tr><td>托管机构</td><td>中央结算公司、上清所</td><td>中证登</td></tr>
<tr><td>结算方式</td><td>全额逐笔结算</td><td>净额</td></tr>
<tr><td>交易机制</td><td>询价为主，做市商、经纪商为辅</td><td>集中竞价撮合</td></tr>
<tr><td>交易工具</td><td>现券交易、回购交易、远期交易、利率互换等</td><td>现券交易、回购交易、利率互换、期货等</td></tr>
<tr><td rowspan="2">债券交易品种</td><td colspan="2">两大交易场所均可：国债、地方政府债、政策性银行债、保险公司债、证券公司债、其他金融机构债、企业债、政府支持机构债
柜台市场：国债、地方政府债、政策性银行债、企业债、政府支持机构债</td></tr>
<tr><td>仅限银行间：央行票据、同业存单、全部金融债、中期票据、短融、非公开定向债务融资工具（private placement note，PPN）、国际机构债、国家金融监督管理总局主管 ABS、银行间资产支持中期票据（asset-backed medium-term note，ABN）、标准化票据与项目收益票据</td><td>仅限交易所：公司债、可转债、可交换债、证监会主管 ABS</td></tr>
<tr><td>二级市场结算量</td><td>2020 年：1 245.5 万亿元（现券 + 回购 + 债券借贷）</td><td>2020 年：294.6 万亿元（现券 + 回购）</td></tr>
</table>

下面再来简要介绍一下美国债券市场制度安排（见表 2-3）：美国债券市场以立法为基础，发行市场实行多头管理，交易市场统一由美国证券交易委员会（SEC）监管，托管结算集中统一于美国证券存托与清算公司（DTCC）的监管体制。美国债券市场也包括交易所市场和场外市场。美国债券交易主要是在场外市场，不是在交易所进行的。美国交易所市场实行做市商制度和竞价制度的混合；场外市场采用做市商（交易商）制度，满足特定资本充足要求和管理能力要求的金融机构可以申请成为做市商，做市商在场外市场交易中主要承担着保持债券市场的流动性、对中小客户开展零售业务的职能。场外市场交易可以分为两大类：经销商与客户之间的交易（dealer to client，简称 D2C），经销商之间的交易（inter-dealer，简称 ID）。前者主要在大型金融机构（尤其是开展做市业务的机构）与终端用户（end user）之间进行，是零售性的市场。后者主要有大型金融机构、投资基金等交易活跃的机构参与，是批发性的市场。绝大多数 ID 是通过电子方式进行的，而 D2C 也有相当大的比例实现了电子化。①

中美两国债券市场制度安排方面的主要区别有两点：首先，美国交易所市场和场外市场主要是从效率角度考虑，自然演进形成的市场分割，而中国两个市场分割（监管机构和托管结算机构均存在一定程度的分割）的一部分原因是行政划分的结果。其次，美国场外市场交易机制主要是交易商（做市商）制度，交易商之间的交易在整个交易中发挥支配作用，交易商通过双边报价为债券市场提供流动性，帮助发现价格等。而中国场外市场主要交易机制是询价制度，主要通过交易双方自主谈判、逐笔成交。一些发达国家，如日本、德国和澳大利亚，债券交易市场也没有采用交易商做市制度。但理论和一些国家的实践表明，做市商制度对提高市场流动性、促进金融产品价格发现具有重要作用。

---

① 美国电子化交易中计算机自动化交易和高频交易比例迅速上升。

表2-3　美国债券交易市场结构

发行分类	发行主体	中央政府	地方政府	政府支持机构 / 公司
	发行品种	国债	市政债	MBS/ 公司债 /ABS
登记托管		美国证券存托与清算公司（DTCC）		
结算机构		政府证券登记结算公司（GSD）、固定收益证券清算公司（FICC）	全国证券清算公司（NSCC）	全国证券清算公司、抵押贷款支持证券结算公司（NBSD）
		美国存管信托公司（DTC）		
交易场所		以纽交所为主的 8 家交易所及 40 多个电子交易平台		
监管机构		国会、财政部	美国证券交易委员会（SEC）	

我国场外市场做市商制度刚刚起步，债券市场整体流动性（按最简单的换手率指标衡量）不高，而且整个市场的换手率是由少数几只债券实现的，如 10 年期国开债、10 年期国债以及 5 年期国开债和国债等，而其他存续的 5 万只左右债券几乎没有交易。最需要流动性的绝大部分债券却没有做市商为其做市。我国应该结合中国债券市场的实际情况不断完善场外市场做市商制度。

从存量（托管量）和交易量两个角度看，银行间市场是我国债券市场的主体（见图 2-11）。截至 2021 年 12 月末，债券市场托管余额 133.56 万亿元，其中银行间债券市场托管余额 114.7 万亿元，占比为 85.88%，交易所市场托管余额 18.8 万亿元，占比为 14.08%。商业银行柜台债券托管余额 599.9 亿元，占比为 0.04%。从交易结算量上看（见表 2-4），银行间市场（结算公司 + 上清所）的比例超过了 80%，而交易所只占 19.13%。目前银行间债券市场与交易所市场之间并非完全独立，一些债券可以同时跨市场发行与交易。仅在银行间的债券存量就达到 44.68 万亿元，占比为 39.19%；仅在交易所的债券存量为 13.71 万亿元，占比为 12.02%。既在银行间也在交易所的债券存量达到26.31万亿元，占比为23.08%。

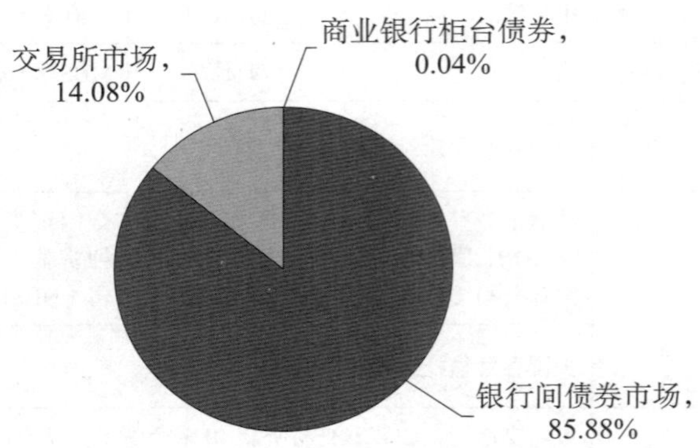

图2-11 债券各市场托管余额占比

资料来源：Wind.

表2-4 中国债券市场交易结算情况

	2020年（万亿元）	2019年（万亿元）	同比变化（%）	2020年占比（%）
全市场	1 540.1	1 307.31	17.81	100.00
中央结算公司小计	943.23	813.8	15.9	61.24
现券交易	153.16	139.4	9.87	
回购交易	782.96	670.21	16.82	
债券借贷	7.11	4.19	69.69	
上海清算所小计	302.26	254.24	18.89	19.63
现券交易	76.57	71.17	7.59	
回购交易	225.69	183.07	23.28	
中证登小计	294.61	239.28	23.12	19.13
现券交易	11.29	2.86	294.76	
回购交易	283.32	236.42	19.84	
回购交易小计	1 291.97	1 089.7	18.56	83.89
现券交易小计	241.02			15.65
债券借贷小计	7.11			0.46

资料来源：中央结算公司，上清所，Wind.

我国银行间债券市场从规模结构上看占据压倒性优势的主要原因在于：商业银行是债券市场最大的投资机构，商业银行只能在银行债券间市场进行交易，利率债和企业债主要在银行间债券市场上进行交易，因此，至少一部分是市场分割的结果。但即使中国取消了行政的债券市场分割规定，银行间债券市场仍然会占据主导地位，毕竟债券市场的大部分交易都是机构之间进行的，场外市场的制度安排效率会更适合金融机构交易债券。

特别需要注意的是，我国债券二级市场交易中回购交易的比重高，远远超过现券交易，通过简单的数据对比就可以得出这个初步结论。我国回购交易占比为 84%，现券交易只占 16%。美国债券市场现券交易量和回购交易量基本相当，日均交易量都在 0.8 万亿～1.2 万亿美元。造成这一现象的原因主要有两个：一是我国债券市场整体流动性（资金供给）是由央行提供给商业银行，再由商业银行提供给其他金融机构。根据央行数据，2020 年全年，银行特别是全国性商业银行是债券市场资金的主要供给方，从质押式回购交易情况来看，商业银行占全市场逆回购规模的 77.4%，占全市场正回购规模的 59.8%，即还有 17.6%（约 137 万亿元）的资金借给了其他市场投资者。其中，全国性商业银行是资金的主要供给方，其逆回购占比 50%，而正回购占比仅 20%。另外，政策性银行也是市场资金的主要供给方，2020 年全年，逆回购占比达到了 14.4%，而正回购占比仅 0.05%，提供了全市场 14.35% 的资金。而证券公司、广义基金（包括非法人产品、基金公司及基金会）等则是资金的需求方。比如 2020 年非法人产品是资金的主要需求方，其正回购占比 26.5%，而逆回购占比仅 5.2%。另外一个原因就是机构投资者在债券投资中重要的赚钱方式就是加杠杆，而回购方式是机构投资者主要的加杠杆方式。因此，我国债券市场回购交易的比重高。回购交易比重过高的弊端是导致债券市场杠杆率过高，容易引发债券市场风险。

（三）债券市场投资者结构分析

在中国债券市场上，投资者主要包括商业银行、政策性银行、非法人产品[①]、保险机构、证券公司、基金公司及基金会、其他金融机构、非金融机构、境外机构以及其他投资者。截至 2021 年 3 月，商业银行投资债券 53 万亿元（其中，全国性银行 35.3 万亿元、城商行 7.3 万亿元、农商行和农村合作银行共 9.28 万亿元）。此外，非法人产品投资债券 23.9 万亿元、境外机构 3.5 万亿元、保险机构 2.2 万亿元、券商 1.4 万亿元（见表 2–5）。

中国债券市场上最主要的投资者是商业银行（特别是全国性商业银行），其持有的债券占全部债券的比例为 61%，其次是非法人产品（其持有债券的比例为 27%），两者持有债券合计占整个债券总额的 88%（见图 2–12）。

分析商业银行债券投资结构非常必要。在整个商业银行体系中，

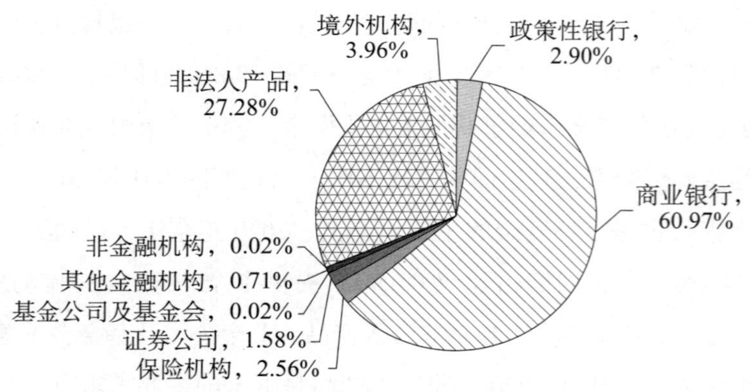

图 2–12　中国债券市场机构持仓比例

资料来源：Wind.

① 根据《中央国债登记结算有限责任公司非法人产品账户管理规程》的规定，非法人产品为证券投资基金、全国社会保障基金、信托计划、企业年金基金、保险产品、证券公司资产管理计划、基金公司特定资产管理组合、商业银行理财产品等。

表2-5　债券投资者持有结构

投资者	记账式国债（亿元）	地方政府债（亿元）	政策性银行债（亿元）	商业银行债（亿元）	非金融企业信用债（亿元）	同业存单（亿元）	合计（亿元）	比例（%）
政策性银行	1 096.35	15 099.07	526.10	753.10	2 971.35	4 919.55	25 365.52	2.90
商业银行	121 998.32	220 808.03	100 730.63	17 449.55	27 457.13	44 608.66	533 052.32	60.97
全国性银行及其分支	84 205.11	184 894.40	54 184.99	11 677.99	9 873.71	8 082.47	352 918.67	40.36
城市商业银行	21 025.08	21 999.43	18 330.70	2 354.15	7 467.97	1 932.24	73 109.6	8.36
农村商业银行	12 001.72	13 303.09	26 183.07	3 312.83	5 204.44	5 527.50	65 532.65	7.50
农村合作银行	15.00	16.97	101.20	9.90	4 018.56	23 131.58	27 293.21	3.12
村镇银行	147.20	14.21	104.30	8.64	0.00	98.50	372.85	0.04
保险机构	5 067.89	5 628.95	6 063.00	3 301.15	2 107.48	205.90	22 374.37	2.56
证券公司	3 281.64	1 256.69	1 685.34	231.61	5 475.48	1 916.78	13 847.54	1.58
基金公司及基金会	110.93	0.00	18.23	0.00	22.57	14.80	166.53	0.02
其他金融机构	984.75	325.26	505.71	100.20	782.27	3 491.90	6 190.09	0.71
非金融机构	5.10	0.00	0.20	2.00	153.48	0.00	160.78	0.02
非法人产品	13 709.34	6 503.65	54 434.37	24 475.67	83 361.01	56 076.25	238 560.29	27.28
境外机构	20 605.16	32.30	9 869.73	391.84	1 244.54	2 490.52	34 634.09	3.96
合计	166 859.48	249 653.95	173 833.31	46 705.12	123 575.31	113 724.36	874 351.53	100.00

资料来源：中央结算公司，上清所，Wind.

说明：由于中证登未披露债券投资者结构，本表仅讨论托管在中央结算公司和上清所的债券。一些小规模债券品种也未统计。

债券投资占总资产比例稳步上升，从2015年的17%左右提升到2021年初的20%左右，贷款占商业银行总资产的比例在50%左右。全国性商业银行债券比例（22%）比中小银行（17%）高5%。商业银行的债券投资绝大部分是政府债券和政金债等利率债，持仓比重高达90%（商业银行债和同业存单基本上也无风险），高于城农商行5～8个百分点。其中，地方债持仓占比超过50%，领先城农商行20～30个百分点。在城商行、农商（合）行的债券配置中地方债占比更低，政金债占比更高；农商（合）行对同业存单的配置比例较高，同业存单在其债券配置中占比接近30%，农商（合）行是仅次于非法人产品的第二大同业存单投资群体。全国性银行国债、政金债合计持仓比重在40%左右，明显低于城农商行50%～60%的水平。商业银行投资的非金融企业信用债比例很低，只占5%，且商业银行投资的信用债以AAA级品种为主。2014年时信用债的持仓比重超过了10%，商业银行对信用债的持仓比重近年来出现了下降的趋势。农商行与农合行持有信用债比重相对较高，目前为10%左右。

非法人产品的债券配置对象中信用债比重最高，接近40%，其次是政金债和同业存单，都是23%左右，政府债券比重不到10%。非法人产品中的银行理财50%以上为利率债，信用债占比8%左右；保险机构的债券配置对象中利率债占比70%多、信用债占比10%左右。

从债券产品角度分析投资者的持仓结构也非常有价值，将债券分成利率债和信用债两大类。前者包括政府债券和政金债（见表2-6），后者包括公司信用类债券和企业债（见表2-7）。2020年末，商业银行和非法人产品是利率债的两大投资机构，合计占比84.3%，其中，商业银行占比71.41%，非法人产品占比12.89%（见图2-13）。非法人产品和商业银行是信用债的主要持有者，占比分别为65.98%和22.17%（见图2-14）。商业银行资金规模庞大，所以很小的比例投资

表2-6　各机构持有利率债比例

投资者类型		总额	政策性银行	商业银行	信用社	保险机构	证券公司	基金公司及基金会	其他金融机构	非金融机构	非法人产品	境外机构	其他
政府债券（亿元）	记账式国债	186 706	1 138	122 343	1 667	4 788	3 907	89	946	5	15 011	18 776	18 036
	地方政府债	247 447	15 165	215 921	1 485	5 504	1 087	0	343	0	7 909	33	0
政金债（亿元）		180 101	550	100 366	5 200	6 022	1 614	26	435	0	56 279	9 192	417
利率债（亿元）		614 254	16 853	438 630	8 352	16 314	6 608	115	1 724	5	79 199	28 001	18 453
各机构持有利率债比例（%）		100.00	2.74	71.41	1.36	2.66	1.08	0.02	0.28	0.00	12.89	4.56	3.00

资料来源：中央结算公司 .

表2-7　各机构持有债券结构

	公司信用类债券（亿元）					企业债（亿元）	合计（亿元）	比例（%）
投资者结构	超短期融资券	非公开定向债务	短期融资券	中期票据	其他公司信用类债券			
政策性银行	277	989	174	1 519	35	60	3 054	2.10
商业银行	5 752	4 491	811	13 186.00	2 786	5 195	32 221	22.17
保险类金融机构	21	0	17	2 081	41	698	2 858	1.97
证券公司	250	646	171	4 051	251	1 821	7 190	4.95
基金公司	2	1	1	23	0	1	28	0.02
其他金融机构	61	57	40	473	24	66	721	0.50
非金融机构法人	5	3	8	37	177	2	232	0.16
非法人产品	9 826	14 828	3 728	50 383	4 599	12 505	95 869	65.98
名义持有人账户（境内）	259	408	83	1 015	100	21	1 886	1.30
境外机构	33	5	7	1 036	71	98	1 250	0.86
合计	16 486	21 428	5 040	20 837	8 084	20 467	143 059	100.00

资料来源：上清所，中央结算公司 .

说明：只统计中央结算公司和上清所的公司信用类债券和企业债，不包括中证登（交易所）债券，也不包括资产证券化产品等规模较小的产品。

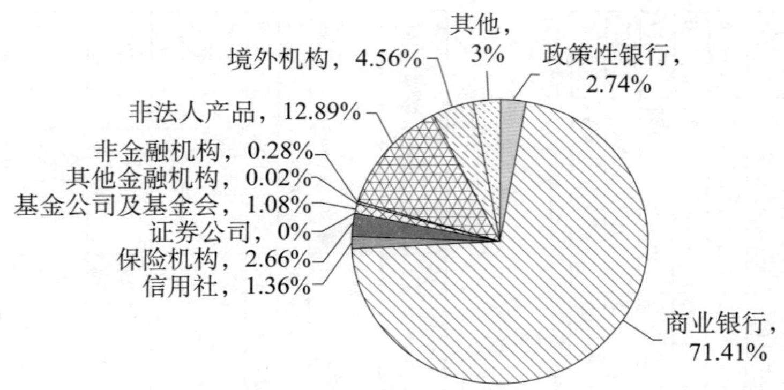

图 2-13 利率债机构持仓比例

资料来源：Wind.

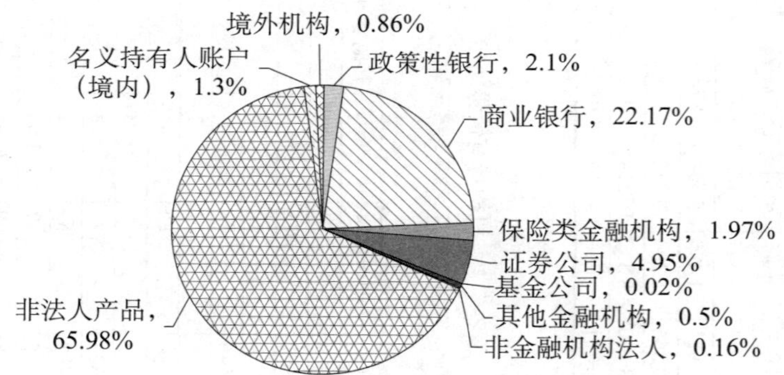

图 2-14 信用债投资者持仓比例

资料来源：Wind.

于信用债就能达到信用债总额的 20% 以上。

根据 Bloomberg 的数据，2020 年末美国国债总额约为 27.7 万亿美元，国外投资者所持有的美债约为 7.1 万亿美元，占比 25.6%；美国国内投资者持有 20.6 万亿美元，占比 74.4%。国内投资者中，美联储和政府机构（intragovernmental holdings）共持有 10.8 万亿美元，占比 39%，以共同基金、养老金为主的其他机构持有比例为 31%（见表 2-8、图 2-15），商业银行仅占比 4.3%。

表2-8　美国国债投资者持有比例

	余额（万亿美元）	占比（%）
国外持有合计	7.1	25.60
国外官方	4.2	15.20
国外其他	2.9	10.50
国内持有合计	20.6	74.40
美联储	4.7	17.00
商业银行	1.2	4.33
政府机构	6.1	22.00
其他机构	8.6	31.05
合计	27.7	100.00

资料来源：Bloomberg，2020-12-31.

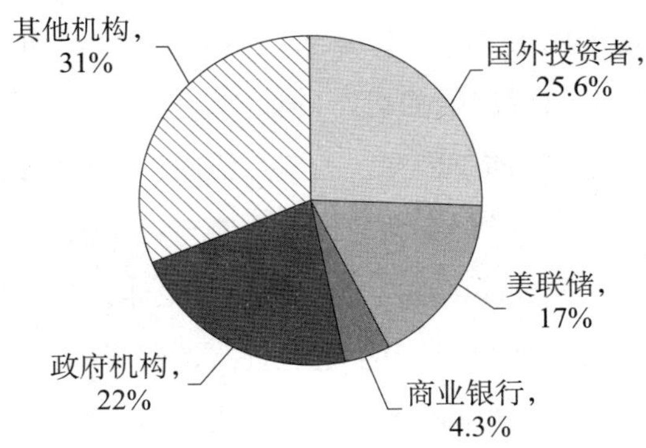

图 2-15　美国国债持有者结构

资料来源：Bloomberg.

美国市政债和公司债共同构成了美国信用债，截至 2020 年第三季度末，根据 SIFMA 的数据，美国信用债余额为 14.36 万亿美元，其中市政债余额为 3.92 万亿美元，占比 27.3%；公司债余额为 10.44 万亿美元，占比 72.7%。美国公司债规模一直保持较快增长速度，市政债自 2010 年以来规模基本稳定在 4 万亿美元左右。个人投资者是美国市政债的最大投资者，持有债券规模占比为 45%，主要原因在于美国地方政府多通过免税政策鼓励居民持有当地政府的市政债，很多富人愿意投资市政债，这也说明税收对债券投资决策有较大影响，共同基金持有的市政债比例为 27%，银行和保险公司的持有比例都是 12%，其他投资者占比 4%。截至 2020 年 6 月底，美国公司债主要的投资者类型为资管型投资公司（investment advisor，包括共同基金、ETF 等）和保险公司，二者占比分别达 52% 和 45%，其他包括对冲基金、养老基金等。

对比中美两国债券市场投资者的持仓结构可以看出二者之间的显著差异：美联储（和政府机构）持有较高比重的国债，而我国中央银行不持有国债（持有央行票据），这是两国央行选择不同的货币政策工具的结果；另一个特别重要的差异是美国商业银行在债券市场上持仓比重非常低，而我国商业银行是我国债券市场最大的投资者；商业银行对利率债的持仓占比为 71%，银行表内自有资金投资的信用债占比则为 22%，如果算上银行理财的持有的债券，这两个比例会更高，银行理财一半以上的资金投向了债券，主要是信用债。我国银行承担全社会信贷投放功能，同时也是债券市场最大的参与者。中美存在这种差异的主要原因在于：在美国社区中小银行是银行主体，在数量上占 99% 左右，中小银行资金运用主要是中小企业贷款，利用自身独特的信息优势收取较高的贷款利率（通常高于大企业贷款利率 2 个百分点以上，高于投资级公司债 3 个百分点以上）。而国债的收益率几乎为零，无法吸引商业银行的投资兴趣。而且美国商业银行贷款可以通过资产证券化获得较高的流动性。2021 年中国企业贷款平均利率在 5% 以下，而同期 10 年期国开债利率在 3% 左右，投资级信用债的收益率与企业贷款利率的利差很小。对于商业银行而言，综合考虑流动性监管要求、资本占用成本以及税收、流动性和信用风险等多方面因素，利率债和信用债相对于贷款可能更有优势。银行债券持仓比重过高的弊端就是银行没有充分发挥解决信息不对称的专业分工优势，银行与其他金融机构，如评级公司、基金公司进行低效率同质竞争，影响了整个金融体系的效率。

三、结论和政策建议

尽管我国债券市场整体规模相对于GDP仍然偏低，但仍然有很大的发展空间。相对于规模而言，我国未来债券市场发展战略重心应该是提高债券市场质量、优化债券市场结构。

首先，中国债券市场中真正的信用债比例过低，这一方面是我国商业银行主导型金融体系形成的结果，另一方面也是因为我国信用债市场信息不对称问题比较严重，流动性不足。因此，打破刚性兑付、限制政府隐性担保、规范评级业发展、加强信息披露制度以及完善做市商制度，对于发展我国债券市场就是必然的政策选项。

其次，中国债券市场期限结构集中于短期，这既有可能导致短期集中支付形成偿债压力，也有可能导致企业频繁发债从而使得发债成本上升。解决期限短期化问题要支持偏好长期债券投资的机构，如养老金和人寿险公司，加大对债券投资的规模。另外，要增加长期国债发行，促进长期国债交易市场发展，完善收益率曲线长端的定价，为长期债券定价提供基准收益率。也要发展长期国债的利率衍生工具，为长期债券投资者提供风险管理工具。

最后，商业银行是我国债券市场上最大的机构投资者，在投资规模上处于绝对主导地位。大型商业银行以持有高等级债券作为抵押，向中央银行申请贷款获得流动性并创造存款货币。银行债券持仓比重过高的最大问题就是金融体系中银行没有充分发挥解决信息不对称的专业分工优势。要想从根本上解决这个问题，就要优化金融结构、提升直接融资比重以及完善货币政策传导机制等基础性、制度性金融改革。从可操作技术层面而言，要大力发展银行理财子公司；开放债券市场、吸引国外机构投资者参与国内债券市场，提升债券市场投资者多元化程度；促进债券市场互联互通，逐步取消债券市场的人为监管分割，推进债券市场制度的统一。

第三章
债券市场质量评价与推动我国债券市场发展

我国未来债券市场发展战略的重心是提高债券市场质量，构建科学、客观的债券市场质量评价指标体系具有非常重要的作用。只有基于债券市场质量评价指标体系，才能准确发现债券市场需要完善之处，制定正确的促进债券市场发展的政策。由于市场质量是一个定性的概念，对其高低程度的变化很难进行判断，所以本章将重点考察关于我国债券市场质量的几个具体指标，通过对这些指标变化情况的分析，来对我国债券市场质量进行全面、客观的评价。本章将构建一个对债券市场质量进行度量的指标体系，包括流动性、波动性、有效性和开放度等四个方面的指标。流动性是指交易者能即时地交易且价格不会出现剧烈波动，包括宽度、深度、即时性和弹性四个维度；波动性是指资产价格在市场交易中的波动程度，用于揭示金融资产价格的不确定性和交易者面临的风险程度；有效性是指价格能够准确、充分和即时地反映市场信息；开放度是指外国机构参与中国市场的深度和广度，以及中国在境外市场的参与度。这个全面和系统的指标度量体系可以更好地对债券市场质量和发展状况进行研究和评估，及时反映出债券市场发展过程中的可能风险和未来的发展趋势，对于帮助决策当局判断宏观走势并制定相应的政策措施将发挥不可或缺的作用，有助于推动建设高质量债券市场。

一、指标体系

（一）流动性

德姆塞茨（Demsetz）于1968年发表的“The Cost of Transacting”一文奠定了证券市场微观结构理论的基础。大量文献和案例表明，流动性是市场的核心，一个市场只有具有良好的流动性，才能被称为有效率、有竞争力的市场。一个流动性好的市场能够增强参与者的信心，并且能够抗御外部冲击，降低系统风险，投资者想从证券市场得到的只有流动性（Handa and Schwartz，1996）。

学者从不同维度定义并构造了流动性指标。Campbell等（1996）指出，金融市场的流动性是指投资者能够迅速匿名地买卖大量的证券，同时证券价格受到的冲击较小，这是一个被相对广泛地接受的观点。Grossman和Miller（1988）提出，流动性是指愿意推迟交易的交易商比希望立刻执行的交易商以更好价格成交的可能性。Harris（1990）提出了流动性的四个维度，即宽度、深度、即时性和弹性。宽度是指交易价格偏离市场中间价格的程度，一般用价差来衡量；深度反映某一特定价格水平下的交易数量，是衡量市场价格稳定程度的指标，可用在不影响市场价格条件下可能的交易量或某一给定时间做市商委托单上的委托数量来表示；即时性是指投资者有效报单成交的速度；弹性是指单位交易量引起价格波动的幅度或委托单不平衡的调整速度。四个维度中宽度和深度指标、即时性和宽度指标都可能存在矛盾。

本章分别构建了利率债和信用债市场流动性指标体系，利率债市场采用换手率、流动性Hui-Heubel比率、质押杠杆水平、10年期国开债和国债利差4个指标；信用债市场采用换手率、发行量、交易量增速、质押杠杆水平4个指标。

1. 换手率

市场流动性越高，交易成本越低，市场参与者投资的积极性就越高，从而越有助于提高债券市场运作的效率，反之，市场流动性不足，将增加发行者的成本负担，使债券购买者，特别是持有量巨大的金融机构面临较大的流动性风险，一旦金融机构面临大量现金需求，就可能因无法以合理价格变现持有的债券而遭受损失。换手率是度量成交深度和流动性的有效指标，表示在一定时间内市场债券转手买卖的频率，可反映市场交投活跃程度。换手率高，说明债券交易活跃，投资者需求较高，债券市场流动性好。我国银行间债券市场自成立以来，现券、质押式回购和买断式回购的换手率都逐渐增加，但仍存在以下问题：市场交易主体结构仍旧单一，以商业银行为主；商业银行资产结构调整以持有至到期获取利息为目的；债券双边报价机制不合理，市场整体换手率不高。本章采用“(现券成交额 + 回购成交额)/当月月末总债券存量”表示换手率，数据区间为 2009 年 1 月—2020 年 12 月，数据来源于 Wind（见图 3-1）。

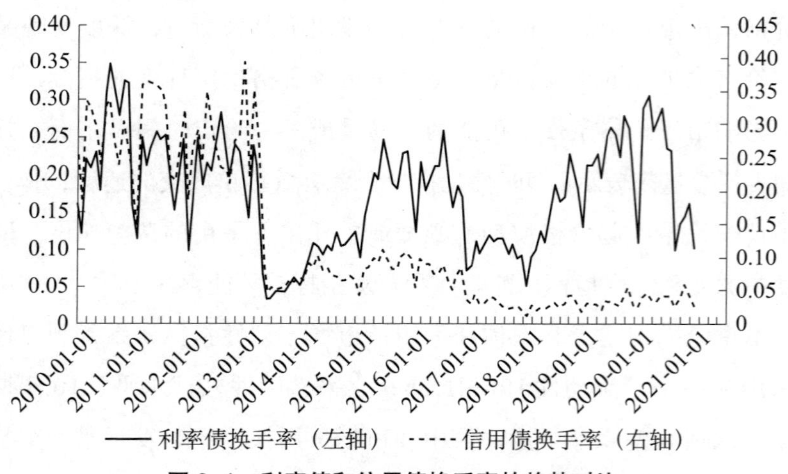

图 3-1　利率债和信用债换手率的趋势对比

资料来源：Wind.

在 2013 年之前，信用债和利率债的换手率差不多，2013 年后半年开始，由于监管风暴和“钱荒”，市场换手率突然下降，此后利率债的换手率有所回升，而信用债的换手率一直未能恢复。

2. 流动性 Hui-Heubel 比率

流动性 Hui–Heubel（LHH）比率指标从价量结合的角度进行分析，考虑了成交量对价格的冲击：

$$LHH=\frac{(P_{max}-P_{min})/P_{min}}{V/(S.\overline{P})}$$

式中，P_{max} 为最高价；P_{min} 为最低价；（P_{max}–P_{min}）/P_{min} 为振幅；V 为成交金额；$S.\overline{P}$ 为对应的市值。对于债券市场整体而言，P 采用如下派许加权价格指数，即采用有代表性的债券指数。

$$P_t=\frac{\sum_{i=1}^{n}P_{it}V_{it}}{\sum_{i=1}^{n}P_{i0}V_{it}}\times P_0$$

从公式上看，LHH 比率即为涨跌幅与换手率之比，本质上是价格对交易量的弹性。若交易量较大但价格变化不大，则 LHH 较小，说明市场流动性好，反之说明市场流动性不好。对于不同的债券市场，考虑采用银行间债券指数、国债指数、企债指数、沪公司债、中证全债、中国债券总指数等进行度量，数据区间为 2009 年 1 月—2020 年 12 月，数据来源于 Wind（见图 3–2）。

长期来看，我国市场流动性总体向好，LHH 比率幅度呈明显收紧趋势。LHH 比率在 2011 年、2013—2014 年底总体幅度较宽，说明价格对交易量变化敏感。2013 年后半年由于“钱荒”和稽查风暴，价格波动上升而换手率下降，LHH 比率猛增，且持续到 2014 年年底。2015 年开始逐渐收窄，持续到 2018 年的牛市，说明流动性经过缓解达到较高水平。由图 3-2 可知，长期来看，从 2015 年开始 LHH 比率突然变小主要是由交易金额的猛增造成的。因此利用 LHH 比率分析流动性时应当以 2015 年初为界限在前后区间内比较。2016 年去杠杆使得市场流动性有所下降，LHH 比率有所增加。

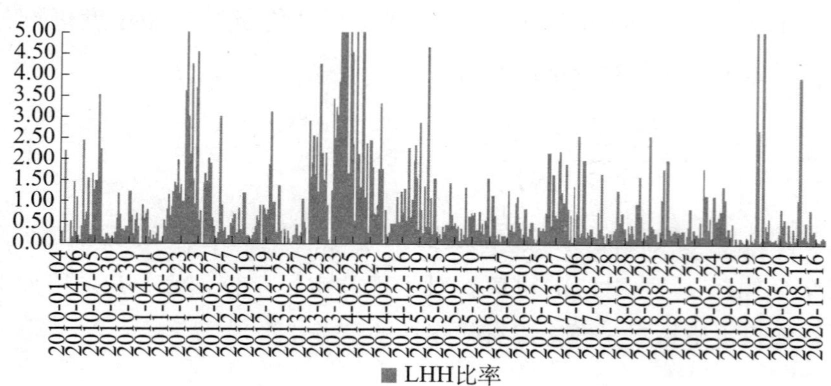

图 3-2　LHH 时间序列趋势

资料来源：Wind.

3. 质押杠杆水平月度同比

虽然中国债券二级市场换手率低，交投不活跃，流动性看似较低，但 2016 年债灾的一大原因是期限错配和杠杆叠加，债券发行者可将发行债券所得流动性委外或同业，继而投向流动性较高的市场，赚取收益差。债券持有者可将债券作为抵押品，从央行或其他金融机构代持获得流动性，进行再投资，因此，质押杠杆水平是衡量市场流动性风险的一个新思路。

近年来，债市加杠杆已经成为提高资产管理收益的重要方法。在货币政策相对宽松、市场利率处于低位的情况下，债券市场杠杆水平高企。杠杆率过高隐藏着潜在的市场风险。一旦货币政策有所收紧或者资金链断裂，债市的稳定性就会受到冲击。

债券市场加杠杆的方式分为两种：一是通过场内回购交易，即金融机构在银行间与交易所市场回购融入资金以购买债券，获取票息与回购成本之间价差的超额收益部分；二是通过场外产品设计，即金融机构获取劣后级资金的收益与优先级资金的成本间的价差。将两种加杠杆方式比较来看，场内回购监管相对严格、信息更加透明、资金供需更为市场化且成本较低。鉴于数据的可得性，本章采用“托管量/（托管量－质押式待购回余额）”表示质押杠杆水平，再取同比增速，数据区间为2009年1月—2020年7月，数据来源于Wind（见图3-3）。

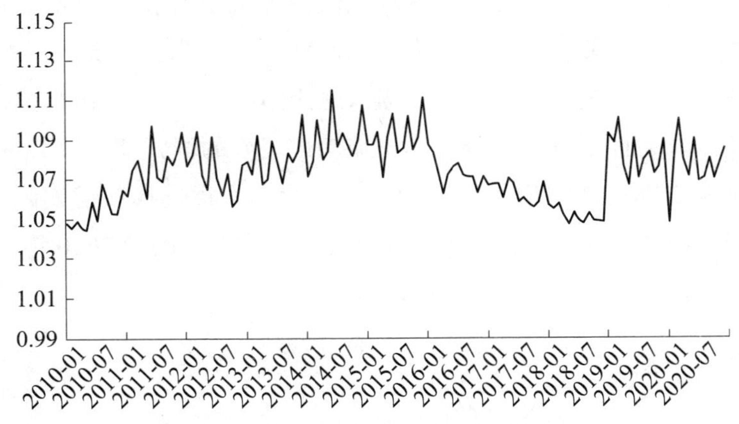

图 3-3　质押杠杆水平时间序列趋势

资料来源：Wind.

质押杠杆比从2010年开始不断增加，且震动幅度不断扩大。2013年下半年，货币政策的突然收紧导致了“钱荒”，使得高杠杆的债券市场出现了一轮大幅下跌。在2015年年底到2016年年初该比例达到较高水平。后来随着金融监管“去杠杆”和降低中国证券登记结算有限公司的流动性风险与信用风险目标的不断推进，中国证券登记结算有限公司会同上海证券交易所、深圳证券交易所联合发布了《债券质押式回购交易结算风控指引（征求意见稿）》，旨在健全债券质押式回购风险管理，明确参与机构责任，控制回购融资主体杠杆。2016年下半年以来，央行开启了第二轮去杠杆进程，债市便逆转了长达两年多的牛转熊。从2016年年底开始，质押杠杆比有明显下降，而且震荡幅度收窄。2018年下半年以来，资金宽松使得杠杆提升，但整体中枢低于2016年之前。

4. 10年期国开债和国债利差

国债与国开债在所得税和增值税的税收政策上存在差异，国债票息免税，使其与国开债形成利差。此外，国债不占用风险资本、不产生坏账等特征也使其利率低于国开债。但是，国开债与国债利差还受到投资者结构、交易性需求、流动性溢价等市场因素的影响。特别是流动性的差异，使得二者利差在不同时期存在变化，表现出"牛市收窄，熊市走扩"的特征。国开债流动性比国债更好。在债市熊市时，市场整体流动性不足，投资者卖出流动性更好的国开债，使其价格降低，利率走高，和国债的利差加大。因此，本章选择关键期限10年期的国开债和国债利差作为衡量指标之一，数据区间为2010年1月—2020年12月，数据来源于Wind（见图3-4）。

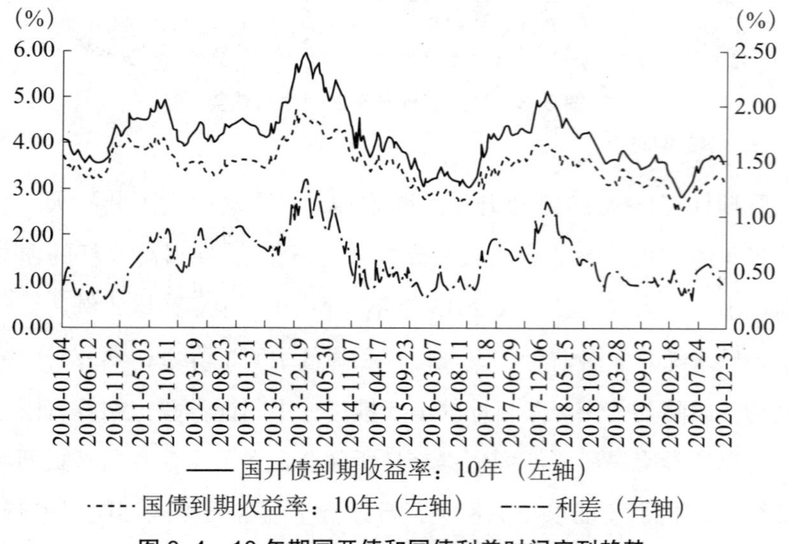

图 3-4　10 年期国开债和国债利差时间序列趋势

资料来源：Wind.

5. 小结

回顾整个观察的时间段，从 2010 年开始，债券市场经历了震荡的小牛市。随后，2013 年的稽查风暴和“钱荒”造成了大熊市，市场流动性下降。其中，换手率和交易量都明显下降；LHH 比率增大；一级市场发行量也极速下降；质押杠杆比下降，国开债国债利率大幅上升，利差也随之上升。在 2014 年政策宽松的牛市，各个指标都有明显的变化。2016 年去杠杆进程进一步推进，市场由牛转熊，市场流动性再次下降。其中质押杠杆比由于政策压力明显下降；国债和国开债收益率从低点开始上升，利差逐渐变大；发行量从顶点略有下降；LHH 比例振幅扩大；换手率明显下降。2018 年迎来债券市场大牛市，央行继续实行稳健的货币政策，根据经济下行压力增大的形势变化，适时地通过降准和开展中期借贷便利等操作加大中长期流动性投放力度，保持银行体系流动性合理、充裕，各项指标也随之有明显改善。

综上所述，以上指标均能从不同方面反映银行间债券市场的流动性。其中质押杠杆比率主要体现市场的杠杆率，在 2016 年去杠杆政策推进后有明显的下降，因此应当以 2016—2018 年为分界线，分别比较前后时期内的流动性，不能通过质押杠杆比来比较不同时期的流动性。国开债和国债利差是衡量流动性的较好的指标，牛市熊市的转换在指标中体现明显，几乎不需要深入分类讨论即可反映流动性。但需要说明的有两点：首先，利差体现流动性不应该从低点或者高点开始观察，而是应当把拐点当做流动性变化的开始，从拐点开始提高警惕。其次，利差作为流动性指标，相比于其他指标具有一定的滞后性。换手率是从交易量的角度体现市场的流动性。其中换手率的变化较为明显，反映市场流动性的能力较强。而且换手率剔除了由于市场发展而导致交易量增加带来的影响，能够更好地体现债券市场的活跃度，体现市场的流动性。LHH 比率体现了价格对交易量的敏感度，也可以作为衡量流动性的指标之一。当市场流动性好时 LHH 明显收窄，当流动性不好时 LHH 幅度加宽。但在使用 LHH 比率时需要以 2015 年初作为分界线各自比较，否则可能造成 LHH 比率变化不明显的问题。

（二）波动性

对债券市场波动性的研究，国外的研究文献较为丰富。Bollerslev（1992）研究得出美国国债风险收益的波动性具有明显的自相关性，而且波动的持续性较强，随时间的衰减程度缓慢。Najand（1993）研究表明，美国国债期货市场上周收益率的波动聚类性与杠杆效应明显。Jones（1998）研究认为，美国国债波动过程符合单变量 GARCH 过程。蔡定洪等（2014）以中国银行间债券市场 7 天质押式回购利率（R007）作为指标刻画银行间债券市场的波动性特征（见图 3-5）。

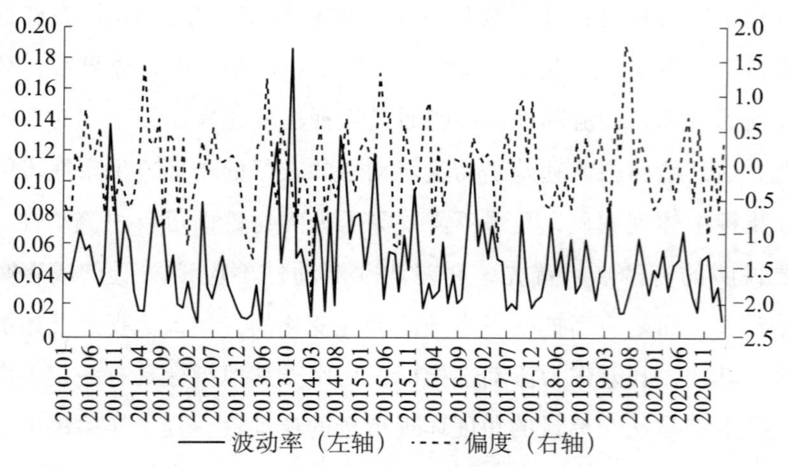

图 3-5　10 年期国债活跃券利率波动率及偏度

资料来源：Wind.

从中美对比来看，以 10 年期国债收益率标准差衡量，我国国债收益率波动率整体低于美国国债收益率波动率。此外，在 2013 年和 2020 年美国 10 年期国债收益率波动率的峰值也显著高于中国，说明中国债券市场虽然在流动性上比海外债券市场差，但波动性整体小于海外债券市场（见图 3–6）。

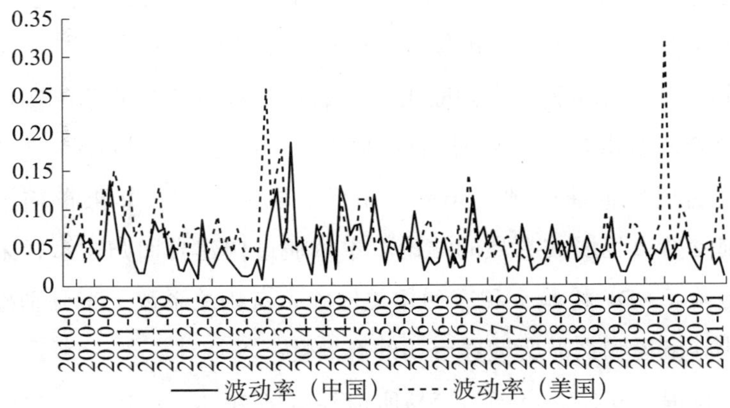

图 3–6　10 年期国债利率波动率中美对比

资料来源：Wind.

本章采用 10 年期国债活跃券收益率波动率、10 年期国债收益率偏度两个指标衡量利率债市场的波动性。10 年期国债活跃券收益率波动率为资本市场关键利率指标。除了波动率，偏度也补充刻画了其分布状态。

在债券市场处于下行阶段或受到外部冲击较大时（如 2013 年 6 月和 2016 年底），市场波动性相应增加。

（三）有效性

国外学者对于债券市场有效性的研究取得了一些成果。Katz（1974）则研究了信用评级的变化对债券价格变化的影响，发现评级改变之前债券的价格没有表现出任何预期，而评级改变之后需要经过

6～10 周价格才能调整到新的合理水平，表明当时的美国债券市场还没有达到半强式有效。此外，Jordan 和 Jordan（1991）发现了日历效应的存在，包括一月效应、年末效应和月内周效应等，这些日历效应的存在表明美国债券市场的信息有效性水平有限，并没有达到真正意义上的弱式有效。

国内文献的大部分结论都支持我国国债市场的信息有效性很高，很多研究发现，我国国债市场的有效性是不断提高的。

根据有效市场假说，判断市场（弱式）有效性最简单的实证方法就是检验债券市场收益率时间序列的自相关性。如果自相关性很高，则说明历史数据能够预测未来，市场非弱式有效；如果自相关性很低，则支持市场弱式有效的结论。本章通过构建自回归模型，采用单位根检验（ADF 检验）和序列相关检验（自相关系数）来分别检验银行间债券市场和交易所债券市场的有效性。

观察银行间债券市场与交易所债券市场 2010—2020 年间的滞后一阶自相关系数变化，可以看到，从 2010 年到 2020 年，两个市场国债的相关系数总体都呈现下降趋势，债券市场的有效性在提升（见图 3-7）。

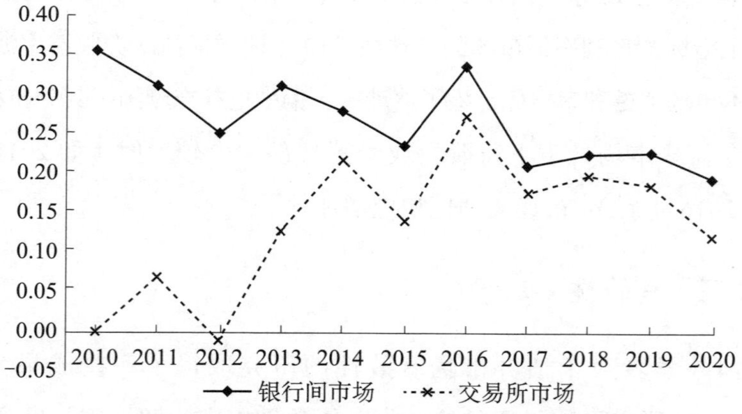

图 3-7　债券交易市场滞后一阶自相关系数变化

资料来源：Wind.

（四）开放度

近年来，随着市场自身的发展完善以及金融开放政策的实施，我国债券市场的开放也在稳步推进，开放度水平不断提高，市场外资参与度和参与主体多元化等有了显著的进展。目前国内缺乏对于债券市场开放整体水平的评价指标和体系，所以本章将先构建一个较为全面地衡量债券市场的指标体系。

我国债券市场的开放历程大致分为三个阶段：第一阶段（2005—2009 年）是债券市场开放的萌芽阶段，境外机构开始通过合格境外机构投资者（QFII）进入中国交易所债券市场，并开始熊猫债发行试点。第二阶段（2010—2014 年）是债券市场开放的加速阶段，外资进入中国债券市场的渠道更加丰富，境外机构的持债量快速增加，离岸人民币市场迅速发展，银行间债券市场成为债券市场开放的主渠道。第三阶段（2015 年至今）是债市开放的深化阶段，开放措施更加综合化、立体化，合格境外机构投资者范围不断扩大，参与交易类型和准入条件也在逐步放宽。

在“引进来”上，随着我国债券市场的开放程度不断加深，境外机构投资者持有我国债券的规模和占比均不断上升。从持债规模上看，近几年境外机构投资者持有国债和国开债等金融债的比例稳定在 2% 左右，而境外机构投资者持有美国国债的规模占比达到 30%（见图 3-8），由此可见，我国债券市场开放的深度与广度仍不及美国。在“走出去”上，我国在推动熊猫债的快速发展上做出了诸多努力，目前熊猫债的规模及境外发行主体数量都有了很大提高。但在全球利率环境下，中国利率水平仍处于较高水平，国内债市融资成本较高，也限制了境外发行人的融资脚步。

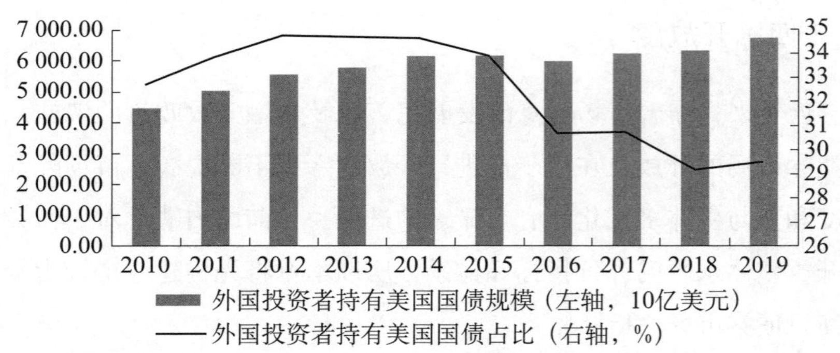

图 3-8 2010—2019 年境外机构美国国债的规模及占比趋势图

资料来源：Wind.

结合国内外学者的研究文献和报告，我们从“引进来”和“走出去”两个维度建立一系列衡量中国债券市场开放度的规模和结构指标。具体来说，利率债市场采用境外机构持有国债占比、境外机构持有国开债占比、人民币合格境外机构投资者（RQFII）投资额度、QFII 投资额度、中债-境外机构投资指数衡量开放度；信用债市场采用境外机构持有企业债占比、境外机构持有中期票据占比、RQFII 投资额度、QFII 投资额度、中债-境外机构投资指数衡量开放度。

1. 境外投资者持债规模

截至 2020 年末，我国债券市场托管存量达 104.32 万亿元，其中境外投资者持债规模约为 2.88 万亿元，占比为 2.76%；中国国债的存量规模为 19.44 万亿元，境外机构持有规模为 1.88 万亿元，占比接近 10%。从整体持债规模来看，境外投资者投资中国债券市场的广度不断提高，但还有很大的上升空间。根据央行发布的《2020 年金融市场运行情况》，截至 2020 年末，我国银行间债券市场有各类参与主体约 2.8 万家，其中境外机构投资者 905 家，占比仅为 3.2%。

2.QFII 和 RQFII 投资额度

我国在 2011 年开始实行 QFII 和 RQFII，使得合格境外机构投资者可以进入中国市场，投资的限额也在不断提高（见图 3-9 至图 3-11）。

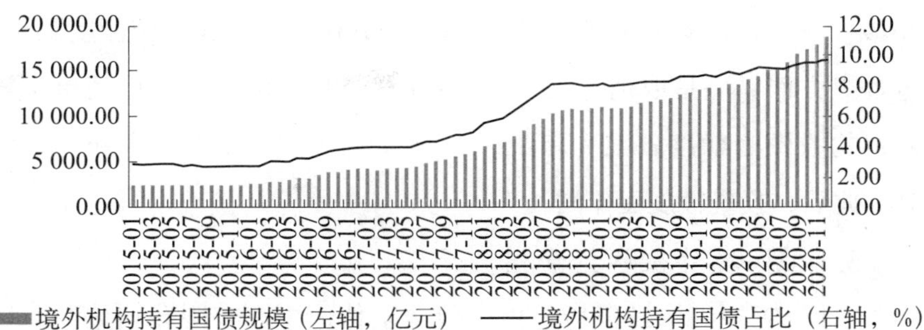

图 3-9　2015—2020 年境外机构持有国债的规模及占比趋势图

资料来源：Wind.

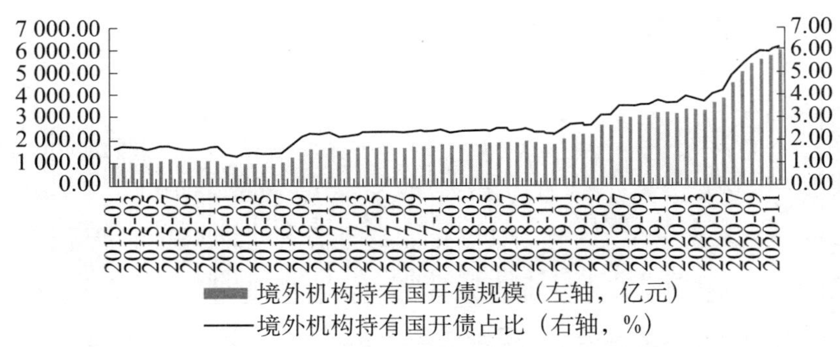

图 3-10　2015—2020 年境外机构持有国开债的规模及占比趋势图

资料来源：Wind.

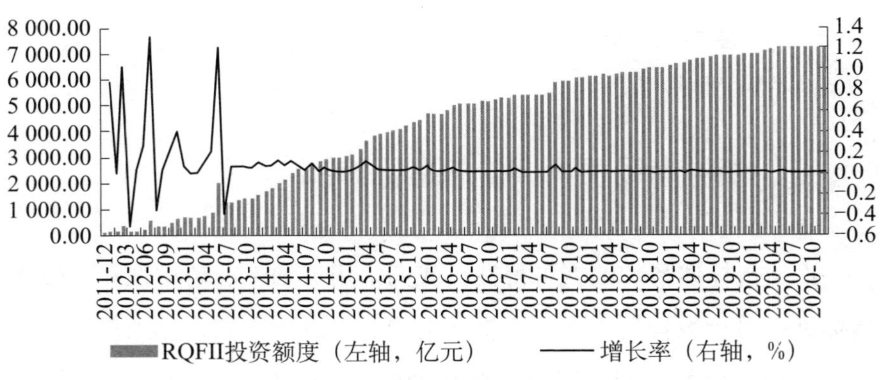

图 3-11　2011—2020 年 QFII 和 RQFII 投资额度变化趋势图

资料来源：Wind.

2019 年 9 月，国家外汇管理局宣布取消 QFII 和 RQFII 投资额度限制，包含三方面：一是取消 QFII 和 RQFII 投资总额度，二是取消单家境外机构投资者额度备案和审批，三是取消 RQFII 试点国家和地区限制。此后，投资额度逐年增长。

3. 中债-境外机构投资指数

中债-境外机构投资指数由中债金融估值中心有限公司编制，该指数以境外机构在中央结算公司托管账户上的持仓集合作为成分券，以持仓市值进行加权计算，旨在为境外机构投资者提供精细化的横向业绩评价基准（见图 3-12）。

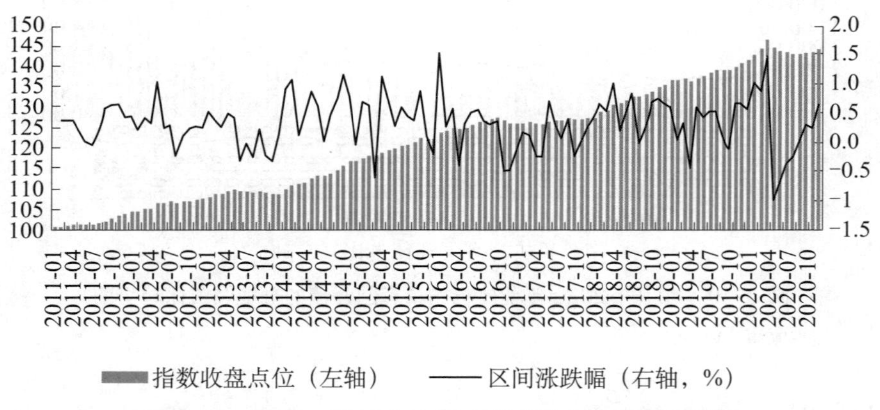

图 3-12　2011—2020 年中债-境外机构投资指数走势图

资料来源：Wind.

二、债券市场质量评价总指标编制

根据指标体系和数据可得性，我们采用流动性、波动性和有效性指标进行总指数构建（开放度指标由于变化过于剧烈，加入总指标会掩盖其他方面的表现，因此需单独考虑）。同时，我们采用主成分分析和因子分析两种方式构建指标，并进行比对。

（一）利率债总指数

1. 主成分分析

用流动性、波动性和有效性指标进行总指数构建（见表 3-1）。首先对因子进行相关性检验，巴特利球形检验结果拒绝相关系数矩阵为单位阵的原假设，变量之间存在公因子，因子间有较强的相关性，支持进行主成分分析。

表3-1　构建利率债市场质量总指数的指标体系

类别	变量名称	变动方向	类别	变量名称	变动方向
流动性	换手率	同向	波动性	活跃券久期	反向
	LHH 比率	反向		R007 标准差	反向
	交易量月增速	同向		收益率波动率	反向
	发行量月增速	同向		收益率偏度	反向
	质押杠杆水平	反向	有效性	国债一阶序列	反向
	10 年期国开债和国债利差	反向			

根据主成分分析结果，取第三个因子累计贡献率达到 85.51%，超过 85%，因此选取前三个因子作为主成分，进一步得到主成分因子载荷（见表 3-2）。

表3-2　总指数主成分分析结果

序号	指标名称	第一主成分系数	第二主成分系数	第三主成分系数
1	换手率	−0.018 1	−0.075 2	0.038 5
2	LHH 比率	0.005	−0.007 1	−0.010 5
3	交易量月增速	0.051 8	0.503 3	0.272 4
4	发行量月增速	0.060 1	0.800 4	0.187 9
5	质押杠杆水平	−0.002 8	0.000 6	0.002 9
6	利差 _m	−0.072 2	−0.047 7	0.284 8
7	活跃券久期	0.063 9	0.076 2	−0.304 1
8	R007 标准差	−0.052 6	−0.286 8	0.843 3
9	收益率波动率	0.000 1	0.000 8	0.007 9

续表

序号	指标名称	第一主成分系数	第二主成分系数	第三主成分系数
10	收益率偏度	0.990 6	−0.099 9	0.060 4
11	国债一阶序列相关系数	−0.005 3	−0.001 7	0.023

指数构建中三个主成分占比分别为 49%、31% 和 20%。第一主成分中的收益率偏度，第二主成分中的交易量月增速、发行量月增速和第三主成分中的利差_m、活跃券久期、R007 标准差共六个指标是权重影响比较大的指标。

通过主成分分析法得到的利率债市场质量指数表达式如下：

$$f_{score}=0.490\,1\times f1+0.309\,3\times f2+0.200\,4\times f3$$

基于主成分分析的 2010—2020 年我国利率债市场质量指数见图 3-13。

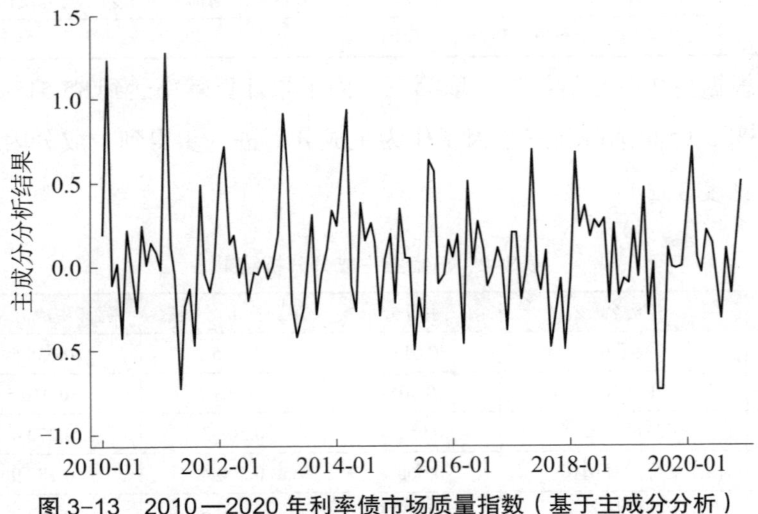

图 3-13　2010—2020 年利率债市场质量指数（基于主成分分析）

2. 因子分析

通过因子分析法实现了指标降维，从 11 个指标组降到 5 个公因子，累计贡献率为 69.52%（见表 3-3）。

表3–3　总指数因子分析结果

序号	指标名称	公因子 *f*1 的载荷	公因子 *f*2 的载荷	公因子 *f*3 的载荷	公因子 *f*4 的载荷	公因子 *f*5 的载荷
1	换手率	0.643 1	−0.471 3	0.227 5	−0.130 6	−0.036 8
2	LHH 比率	0.113 4	−0.079 8	−0.795	−0.017 8	0.110 1
3	交易量月增速	−0.011 3	0.903 9	−0.002 8	0.095 5	0.039 9
4	发行量月增速	−0.030 2	0.900 3	0.090 1	−0.103 3	−0.020 4
5	质押杠杆水平	0.162 8	0.048 4	−0.126 9	−0.241 4	−0.603 3
6	利差 _m	0.871 5	0.040 8	−0.019 5	−0.130 7	−0.035 4
7	活跃券久期	−0.851 5	0	0.029 3	−0.232 6	0.074 4
8	R007 标准差	0.462 5	−0.101	0.069 2	0.491 6	−0.024 4
9	收益率波动率	0.179 8	0.009 1	0.748 6	0.066 3	0.089 1
10	收益率偏度	−0.041 8	0.045 2	−0.075 7	−0.122 8	0.837 9
11	国债一阶序列相关系数	−0.010 6	0.028 5	0.037 2	0.883 1	−0.032 8

公因子组成如下：公因子 *f*1 中载荷较大的指标有换手率、利差 _m、活跃券久期、R007 标准差，公因子 *f*2 中载荷较大的指标有换手率、交易量月增速、发行量月增速，公因子 *f*3 中载荷较大的指标有 LHH 比率、收益率波动率，公因子 *f*4 中载荷较大的指标有 R007 标准差、国债一阶序列相关系数，公因子 *f*5 中载荷较大的指标有质押杠杆水平、收益率偏度。较主成分分析的权重指标增加了换手率、LHH 比率、质押杠杆水平和国债一阶序列相关系数四个指标。

通过因子分析法得到的利率债市场质量指数表达式如下：

$$f_{score}=0.325\,4\times f1+0.224\,3\times f2+0.169\,2\times f3+0.146\,3\times f4+0.134\,9\times f5$$

（二）信用债总指数

1. 主成分分析

用流动性、波动性和有效性指标进行总指数构建（见表 3–4）。[①]

① 由于篇幅限制，本章对于流动性和波动性的一些衡量指标，如活跃券久期、R007 标准差、交易量月增速、发行量月增速等，并没有进行深入探讨，其详细分析来自作者的课题研究成果。

首先对因子进行相关性检验，巴特利球形检验结果拒绝相关系数矩阵为单位阵的原假设，变量之间存在公因子，因子间有较强的相关性，支持进行主成分分析。

表3-4 构建信用债市场质量总指数的指标体系

类别	变量名称	变动方向
流动性	换手率	同向
	交易量月增速	同向
	发行量月增速	同向
	质押杠杆水平	反向
波动性	AAA 级产业债信用利差波动率	反向
	AA+ 级产业债信用利差波动率	反向
	AA 级产业债信用利差波动率	反向
有效性	价格信息反应速度 1（delay1）	反向
	价格信息反应速度 2（delay2）	反向
	债券价格信息预测能力	同向
	债券价格异质性信息含量 1（rsqr1）	反向
	债券价格异质性信息含量 2（rsqr2）	反向

根据主成分分析结果，取第二个因子累计贡献率达到 94.19%，超过 85%，因此选取前两个因子作为主成分，进一步得到主成分因子载荷（见表 3-5）。

表3-5 总指数主成分分析结果

序号	指标名称	第一主成分系数	第二主成分系数
1	发行量月增速	−0.003 3	−0.015 8
2	交易量月增速	−0.000 1	−0.030 6
3	换手率	0.002 5	−0.000 7
4	质押杠杆水平	0.000 6	0.000 5
5	AAA 级产业债信用利差波动率	0.389 8	0.655 4
6	AA+ 级产业债信用利差波动率	0.649 8	0.301 3

续表

序号	指标名称	第一主成分系数	第二主成分系数
7	AA 级产业债信用利差波动率	0.652 6	−0.691 5
8	价格信息反应速度 1（delay1）	−0.000 8	0.010 9
9	价格信息反应速度 2（delay2）	−0.001 1	0.013 1
10	债券价格信息预测能力	0.000 4	0.000 2
11	债券价格异质性信息含量 1（rsqr1）	−0.000 3	0.003 4
12	债券价格异质性信息含量 2（rsqr2）	−0.000 8	0.008 2

指数构建中两个主成分占比分别为 89% 和 11%。两个主成分中的不同等级信用利差波动率等三个指标是权重影响比较大的指标。

通过主成分分析法得到的利率债市场质量指数表达式如下：

$$f_{score}=0.894\,5\times f1+0.105\,5\times f2$$

基于因子分析的 2010—2020 年我国利率债市场质量指数见图 3-14。

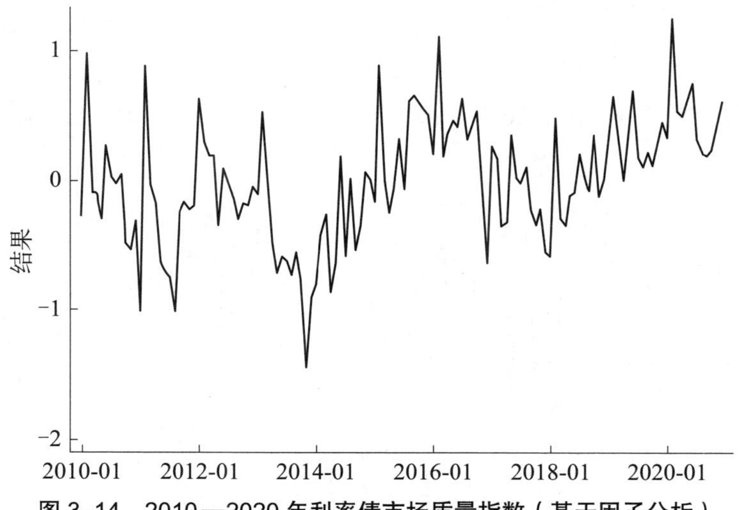

图 3-14　2010—2020 年利率债市场质量指数（基于因子分析）

2. 因子分析

通过因子分析法实现了指标降维，从 12 个指标组降到 4 个公因子，累计贡献率为 85.78%（见表 3-6）。

表3-6 总指数因子分析结果

序号	指标名称	公因子 $f1$ 的载荷	公因子 $f2$ 的载荷	公因子 $f3$ 的载荷	公因子 $f4$ 的载荷
1	发行量月增速	0.001 9	−0.040 7	0.907 1	0.006 8
2	交易量月增速	0.024 9	0.003 5	0.912	0.019 5
3	换手率	−0.893 2	0.091 5	−0.134 8	0.078 3
4	质押杠杆水平	−0.130 9	0.178 1	0.051 1	0.777 5
5	AAA 级产业债信用利差波动率	0.064 9	0.876 3	−0.094 3	0.120 8
6	AA+ 级产业债信用利差波动率	−0.039 7	0.950 6	−0.005 6	0.040 3
7	AA 级产业债信用利差波动率	−0.066 1	0.897 1	0.046 8	0.054 4
8	价格信息反应速度 1（delay1）	0.995 2	0.003 4	−0.016 7	0.055 8
9	价格信息反应速度 2（delay2）	0.994 8	−0.001 2	−0.014 9	0.046 1
10	债券价格信息预测能力	0.190 5	0.064 5	−0.009 9	0.810 7
11	债券价格异质性信息含量 1（rsqr1）	0.981 5	0.000 6	−0.014 5	0.026 4
12	债券价格异质性信息含量 2（rsqr2）	0.992 5	−0.002 2	−0.010 4	−0.000 7

基于主成分分析的2010—2020年我国信用债市场质量指数见图3-15。

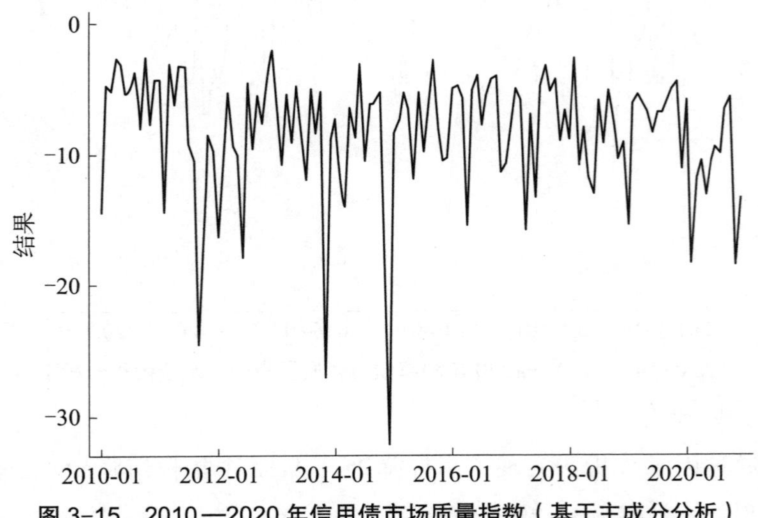

图 3-15 2010—2020 年信用债市场质量指数（基于主成分分析）

公因子组成：公因子 $f1$ 中载荷较大的指标有换手率、价格信息反应速度 1（delay1）、价格信息反应速度 2（delay2）、债券价格异质性信息含量 1（rsqr1）、债券价格异质性信息含量 2（rsqr2），公因子 $f2$ 中载荷较大的指标有 AAA 级产业债信用利差波动率、AA+ 级产业债信用利差波动率、AA 级产业债信用利差波动率，公因子 $f3$ 中载荷较大的指标有发行量月增速、交易量月增速，公因子 $f4$ 中载荷较大的指标有质押杠杆水平、债券价格信息预测能力，较主成分分析的权重指标增加了大量有效指标。

通过因子分析法得到的信用债市场质量指数表达式如下：

$$f_{\text{score}}=0.466\,5\times f1+0.256\,1\times f2+0.163\,8\times f3+0.113\,5\times f4$$

基于因子分析的我国 2010—2020 年信用债市场质量指数见图 3-16。

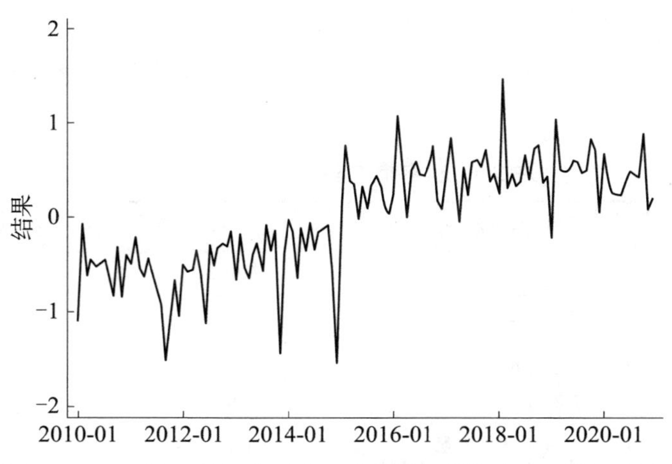

图 3-16　2010—2020 年信用债市场质量指数（基于因子分析）

（三）附表：开放度总指标

1. 利率债市场开放度主成分分析

我们选取境外机构持有国债占比、境外机构持有国开债占比、RQFII 投资额度、QFII 投资额度、中债-境外机构投资指数作为开放度因子，通过主成分分析构建开放度总指标。

首先对因子进行相关性检验，巴特利球形检验结果拒绝相关系数矩阵为单位阵的原假设，变量之间存在公因子，因子间有较强的相关性，支持进行主成分分析。表 3–7 是开放度主成分分析的结果。

表3–7 开放度主成分分析结果

主成分	特征值	特征值方差	方差贡献率	方差累计贡献率
主成分 1	1 366 527	1 365 668	0.999 4	0.999 4
主成分 2	859.116 0	854.536 0	0.000 6	1.000 0
主成分 3	4.579 8	4.579 8	0.000 0	1.000 0
主成分 4	0	0	0.000 0	1.000 0
主成分 5	0	—	0.000 0	1.000 0

根据开放度主成分分析结果，取第一个因子累计贡献率达到 99.94%，超过 85%，因此选取第一个因子作为主成分，进一步得到开放度主成分因子载荷（见表 3–8）。该主成分主要体现 RQFII 投资额度和 QFII 投资额度。

表3–8 利率债开放度主成分因子载荷

序号	指标名称	第一主成分系数
1	境外机构持有国债占比	0.000 0
2	境外机构持有国开债占比	0.000 0
3	RQFII 投资额度	0.993 0
4	QFII 投资额度	0.118 1
5	中债–境外机构投资指数	0.006 5

通过主成分分析法得到的利率债市场开放度表达式如下：

f_1=0.000 0 × 境外机构持有国债占比 +0.000 0 × 境外机构持有国开债占比 +0.993 0 × RQFII 投资额度 +0.118 1 × QFII 投资额度 +0.006 5 × 中债–境外机构投资指数

最终按照因子累计贡献率加权，得到开放度总指标。

基于主成分分析的我国2016—2020年利率债市场开放度见图3–17。

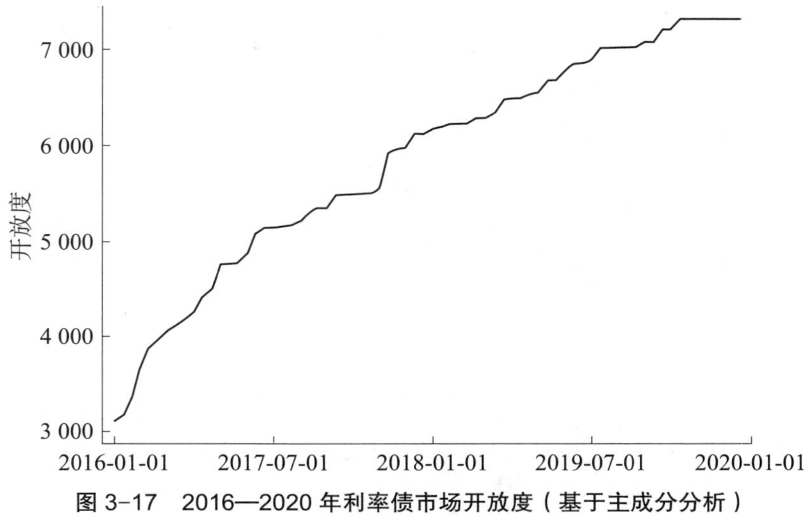

图3–17　2016—2020年利率债市场开放度（基于主成分分析）

2. 利率债市场开放度因子分析

在因子分析中，选取第一个因子构建开放度指数，累计贡献率为92.52%，结果见表3–9。

表3–9　利率债市场开放度因子分析结果

序号	指标名称	公因子 f1 的载荷
1	境外机构持有国债占比	0.970 3
2	境外机构持有国开债占比	0.896 9
3	RQFII 投资额度	0.965 7
4	QFII 投资额度	0.990 0
5	中债–境外机构投资指数	0.983 6

公因子 f1 中五个变量载荷都处在较高水平，较主成分分析法增加了境外机构持有国债占比和境外机构持有国开债占比两个重要指标。

基于因子分析的我国2016—2020年利率债市场开放度见图3-18。

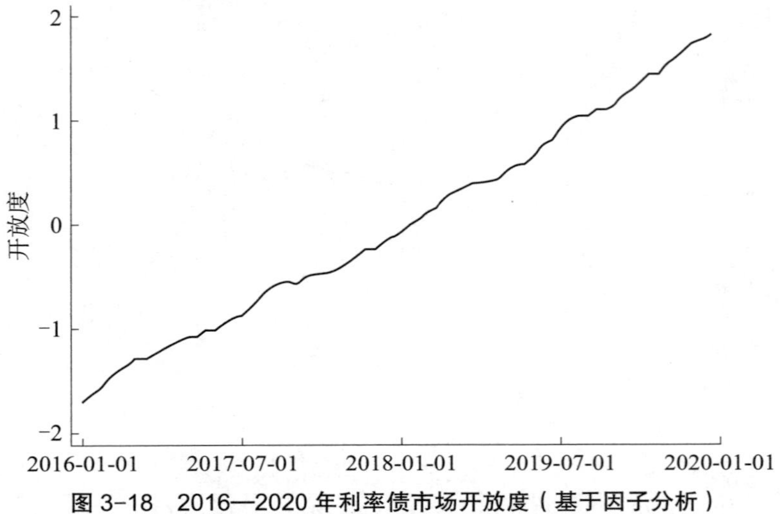

图3-18　2016—2020年利率债市场开放度（基于因子分析）

3. 信用债市场开放度主成分分析

我们选取境外机构持有企业债占比、境外机构持有中期票据占比、RQFII投资额度、QFII投资额度、中债-境外机构投资指数作为开放度因子，通过主成分分析构建开放度总指标。

首先对因子进行相关性检验，巴特利球形检验结果拒绝相关系数矩阵为单位阵的原假设，变量之间存在公因子，因子间有较强的相关性，支持进行主成分分析。表3-10是开放度主成分分析的结果。

表3-10　信用债市场开放度主成分分析结果

主成分	特征值	特征值方差	方差贡献率	方差累计贡献率
主成分1	1 366 527	1 365 668	0.999 4	0.999 4
主成分2	859.116	854.536	0.000 6	1
主成分3	4.579 79	4.579 79	0	1
主成分4	0	0	0	1
主成分5	0	—	0	1

根据开放度主成分分析结果，取第一个因子累计贡献率达到99.94%，超过85%，因此选取第一个因子作为主成分，进一步得到开放度主成分因子载荷（见表3-11）。该主成分主要体现RQFII投资额度和QFII投资额度。

表3-11　开放度主成分因子载荷

序号	指标名称	第一主成分系数
1	境外机构持有企业债占比	0
2	境外机构持有中期票据占比	0
3	RQFII 投资额度	0.993 0
4	QFII 投资额度	0.118 1
5	中债-境外机构投资指数	0.006 5

最终按照因子累计贡献率加权，得到开放度总指标。

基于主成分分析的2016—2020年我国信用债市场开放度见图3-19。

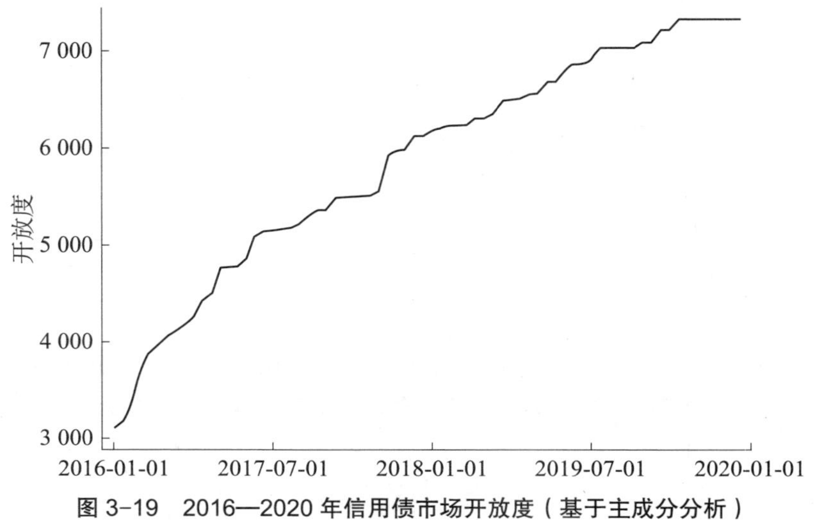

图3-19　2016—2020年信用债市场开放度（基于主成分分析）

4. 信用债市场开放度因子分析

在因子分析中，选取前两个因子构建开放度指数，累计贡献率为

87.44%，结果见表 3-12。

表3-12　信用债市场开放度因子分析结果

序号	指标名称	公因子 $f1$ 的载荷	公因子 $f2$ 的载荷
1	境外机构持有企业债占比	−0.3346	0.818 8
2	境外机构持有中期票据占比	0.5077	0.681 4
3	RQFII 投资额度	0.9573	−0.073 5
4	QFII 投资额度	0.9875	−0.053 7
5	中债-境外机构投资指数	0.9834	0.023 5

因子分析较主成分分析增加了境外机构持有企业债占比和境外机构持有中期票据占比两个重要指标，但累计贡献率有所下降。

基于因子分析的我国 2016—2020 年信用债市场开放度见图 3-20。

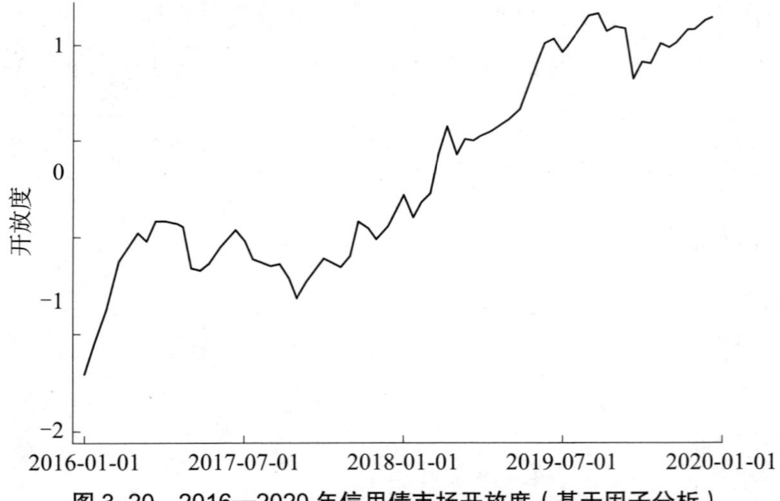

图 3-20　2016—2020 年信用债市场开放度（基于因子分析）

第四章
中国债券市场分割与互联互通

中国债券市场作为金融体系的重要组成部分，过去几十年获得了巨大的发展，规模突破 130 万亿元的同时，债券市场质量也有了很大的提升。但中国债券市场仍然有很大的发展潜力和改善空间。中国债券市场存在的一个突出的问题就是市场分割问题。不同的债券品种由不同的部门监管，市场则分割为银行间市场与交易所市场，历史上一段时间内两个市场既不能实现跨市场发行，也不能进行跨市场交易。如中国人民银行（交易商协会）批准发行的短期融资债券、中期票据只能在银行间市场发行和交易，证监会批准发行的公司债、可转债只能在交易所市场发行和交易。债券市场分割问题就是在债券市场立法和执法、监管机构和制度、发行和交易场所、结算和托管等方面存在着分割。市场分割影响了价格发现功能并降低了流动性，债市割裂导致同一发行人在不同市场发行的债券需要面临不同的监管与政策约束，适用不同的运行规则，并在债券违约处置效率与效果方面受到多重因素制约。

中国债券市场分割局面的形成具有非常复杂的原因，既有经济效率上的合理性和必要性，也是金融分业监管的必然结果。比较主流的观点是：债券市场分割会导致效率上的损失，因此改革的方向是实现债券市场统一。这种观点的误导之处在于忽略了债券市场分割具有一定的合理性。阐明债券市场为什么分割，在哪些方面需要分割、哪些方面应该统一是非常必要的，更合理的做法应该是逐步取消人为的、行政权力划分导致的分割，承认和完善有助于提高效率的自然分割。

一、我国债券市场分割的历史溯源与逻辑分析

当前，我国的债券市场分为银行间市场、交易所市场、商业银行柜台市场和自贸区市场四个子市场。由于后两者规模太小，此处不予考虑。债券市场分割主要就是银行间市场和交易所市场的分割，其他方面的分割都与这两个市场的分割紧密相关。债券市场分割格局的形成是有特殊的历史原因的。20 世纪 90 年代中国债券市场包括交易所市场和以柜台为主的场外市场。当时场外国债市场存在着严重的违规操作问题，场外机构以代保管的形式超发和卖空国债的现象相当普遍，导致“假券”泛滥，“挪用”客户债券和保证金行为猖獗，“质押”债券不足，最终造成了实际意义上的债券卖空行为，累积了巨大的违约风险和系统性风险。特别是 1995 年 2 月发生的“327 国债期货”事件导致了国债期货市场的关闭。同时，为了确保债券市场的发展，1995 年 8 月停止了一切场外市场的债券交易，交易所变成了中国唯一合法的国债交易市场。银行参与交易所债券交易引发了另一个严重问题：1997 年上半年，大量银行资金通过各种渠道流入股票市场，其中，交易所的债券回购成为银行资金进入股票市场的重要形式之一，造成了股市过热以及整体金融秩序的混乱。1997 年亚洲金融危机爆发，暴露了亚洲国家商业银行主导性金融体系的脆弱性。发展债券市场避免风险在银行体系内过度累积，通过发展债券市场建立多层次资本市场体系防范银行体系的系统性风险，成为理论界和决策者的共

识。监管者让银行撤出交易所市场，组建银行间债券市场的目的在于更专注地促进债券市场的健康发展。

1997 年 6 月，根据国务院的统一部署，中国人民银行（以下简称“人民银行”）发布通知，要求商业银行全部退出交易所，并成立了全国银行间债券市场，以商业银行为主导的机构投资者进行债券大宗批发交易的场外市场就此形成。1997 年时交易所主要的交易品种是股票，上市公司发行债券融资额可以忽略不计，交易所的投资者以散户为主，债券的收益率对于散户投资者也没有什么吸引力。记账式国债和企业债的投资者是以银行为主导的机构投资者，这些无风险债券能够满足金融机构对流动性和盈利性的需求。投资者结构的巨大差异导致两个市场必须采用不同的交易制度，交易所市场是零售市场，而银行间市场则是机构之间的批发市场。另外，证券市场的监管主体是证监会，而银行间债券市场牵涉银行体系稳定和货币政策实施，自然由中国人民银行监管。市场和监管分割必然导致两个市场的债券品种、监管重点、管理制度（如信息披露制度和抵押品管理制度）的不同，而且两个市场分别建立了各自的交易、托管和登记等基础设施。所以，债券市场分割有其历史合理性。

综观发达国家的债券市场，也不是完全统一的市场，也存在着交易所市场和场外市场两个不同的市场。随着市场的发展，交易所市场和场外市场的物理空间和形态的区别已经不重要了，两者的本质区别在于投资者结构差异，以及由此导致的交易制度差异。大体而言，交易制度有三种：撮合竞价、协议转让和做市商制度。交易所是小规模的投资者交易场所，交易额小，需求比较标准化，交易的债券品种信息透明、容易估值，因此，采用集中撮合竞价交易制度（辅之以做市商制度）具有更高的效率：在价格合理的前提下还能保证具有充足的流动性和匿名性。而金融机构债券交易量大，对债券需求具有个性化特征，对个券的流动性冲击大。由于机构本身的专业能力可以较好地解决债券估值问题，因此一部分信息不透明、估值困难的债券也可以被交易。所以，以机构投资者为主的场外市场更适合采取双方协议定价或者做市商制度，做市商能够提供流动性和解决信息不对称问题。所以，交易所也都为机构投资者开设了固收电子交易平台，其交易制度都是协议转让和做市商制度。

根据上述逻辑分析，我国债券市场分割的主要问题在于银行间市场和交易所市场分别由人民银行和证监会监管，两者根据监管权限对交易品种，参与市场的投资机构、承销机构和评级机构等进行了人为、行政的限制。例如，只允许自己监管发行的债券在自己监管的债券市场内交易：公司债不可以在银行间市场交易，而中期票据和短期融资券也不可以在交易所市场交易。甚至历史上不同的监管机构对评级公司信用评级的资质互不承认，商业银行无法获得交易所债券承销商资格。

一方面，这种债券市场监管分割导致了效率损失：不利于资金要素自由流动，无法形成统一价格并降低了流动性，影响了货币政策顺畅传导和宏观调控有效实施。另一方面，市场分割在某种程度上也会形成良性竞争，提高债券市场效率。例如，不同 ABS 注册制先后推出，信用债市场的审核机制变革等，极大地提高了债券发行效率。

为了解决债券市场分割造成的问题，进一步增强债券市场服务实体经济的能力，近年来，相关部门不断推动债券市场互联互通建设。2010 年，证监会、人民银行、银监会联合发布上市商业银行在证券交易所参与债券交易试点的通知，两个市场相同的债券实现了跨市场交易，但受参与主体有限及转托管、结算制度等方面影响，市场参与度有限。2018 年 9 月 4 日，人民银行与证监会联合发布公告（〔2018〕

第 14 号），允许已经在银行间或交易所债券市场开展评级业务的信用评级机构申请同时在两个市场开展评级业务，明确推动银行间和交易所债券市场评级业务资质的统一，加强评级机构监管信息共享，设立绿色通道实现信用评级机构信用评级的资质互认。党中央、国务院于 2020 年 4 月明确提出“推进债券市场互联互通”。互联互通是银行间债券市场与交易所债券市场的投资者通过两个市场相关基础设施机构连接，买卖两个市场交易流通债券的机制安排，以逐步在法律、信息披露制度、机构准入资质等方面实现统一。

2020年7月，人民银行和证监会发布联合公告（〔2020〕第7号），同意两市场基础设施机构开展互联互通合作，并决定由上海证券交易所牵头组织两市场基础设施机构，联合推进机制建设各项具体工作。7 号文首先推进了基础设施互联互通，通过在前台交易系统（外汇交易中心与交易所交易系统）的互通互联，与后台托管结算（中央结算公司、中证登与上清所）两两建立名义账户，为机构跨市场交易奠定了基础。7 号文规定银行可以选择通过互联互通机制或者以直接开户的方式参与交易所债券市场现券协议交易。银行参与交易所市场债券的买卖交易范围更广，在操作上更为便利。

为构建银行间债券市场与交易所债券市场互联互通规则基础，保障互联互通业务规范有序开展，经人民银行和证监会批准，上海证券交易所、深圳证券交易所、全国银行间同业拆借中心、中国证券登记结算有限责任公司、银行间市场清算所股份有限公司（以下简称“两市场基础设施机构”）2022 年 1 月 20 日联合发布《银行间债券市场与交易所债券市场互联互通业务暂行办法》（以下简称《暂行办法》）。《暂行办法》内容涵盖原则规定、通用规则、具体安排、监测监管等，明确了机制总体安排和业务要点，并为下位规则提供了制定依据和制度空间。根据《暂行办法》，互联互通拟在尊重两个市场现有挂牌流通模式、现有账户体系及交易结算规则的基础上，通过前台和后台基础设施连接实现订单路由和名义持有，且联通方向包括“通银行间”和“通交易所”。因此，交易所债券市场的机构投资者和银行间债券市场成员无需双边开户即可实现“一点接入”，高效便捷地参与对方市场的债券现券认购及交易。

二、债券市场从分割趋向于互联互通

我国在经济效率和监管权力划分两种因素的作用下，形成了债券市场分割的局面。一个时期内，在交易所市场、银行间市场以及各债券品种分属不同的机构进行监管的情况下，债券市场的投资人、债券的品种、债券的发行条件、信息披露要求、债券回购制度、托管人制度以及债券违约处置措施等都存在差异，而且只有监管机构认可的估值机构和评级机构才能服务于自己监管的市场，不允许其他同类机构提供跨市场服务。这些债券市场微观结构的差异破坏了债券市场的统一性，影响了债券市场的统一定价和流动性，损害了债券市场效率。尽管多年来在各监管机构的努力下债券市场的统一进程不断推进，但目前债券市场分割和未来统一趋势主要体现在以下四个方面：法律体系、监管体系、交易体系以及托管体系。

（一）法律体系

目前，债券发行和交易市场的规则体系主要由法律、行政法规、部门规章、行政规范性文件构成。还有一些部门规章、行政规范性文件和自律监管规则存在模糊地带，在实践操作中具有主观随意性，也导致了两个市场的差别。

2021 年 8 月，人民银行、发展改革委、财政部、银保监会、证监会和外汇局联合发布《关于推动公司信用类债券市场改革开放高质量发展的指导意见》(以下简称《意见》)。同时，2021 年 7 月，中办、国办印发的《关于依法从严打击证券违法活动的意见》和 2020 年 7 月公布的《全国法院审理债券纠纷案件座谈会纪要》，为债市执法、司法奠定了坚实基础。《意见》明确了法治化要求在债券市场健康发展原则中的首要地位以及《中华人民共和国公司法》和《中华人民共和国证券法》(以下简称《证券法》)作为公司信用类债券市场法律基础的地位，并将在未来“研究制定公司债券管理条例”。但《证券法》在整体监管逻辑上仍然以股票为主，没有完全兼顾债券的特点，对于债券相关规定较为原则化。《证券法》并未对债券品种、参与主体、信息披露规则、交易规则做统一规定，仅对公司债券做出了要求和进行了规范。由于中国债券市场发展历史较短、发展速度快，处于基础地位的《证券法》尚未充分考虑债券的特征，债券市场法律体系的系统性和完备性相对不足。由于债券市场基础法律存在短板，指导各市场的法律仍然是以监管机构发布的规章制度和管理条例等为主，例如，企业债主要遵循国务院颁布的《企业债券管理条例》，因此，市场法律分割仍然存在。

2018 年 12 月，人民银行、证监会、发展改革委三部门联合印发《关于进一步加强债券市场执法工作的意见》(银发〔2018〕296 号)，进一步明确了由证监会依法对银行间债券市场、交易所债券市场违法行为开展统一的执法工作，确立了央行、证监会、发改委协同配合做好债券市场统一执法的协作机制。但需要指出的是，上述有关统一执法的文件难以作为行政处罚的直接依据，同时《证券法》又难以完全覆盖所有债券市场，尤其是银行间债券市场的违法行为，债券市场的执法依据仍有欠缺。

（二）监管体系

我国债券市场由于历史原因，存在监管分割的现状，不同的债券品种属于不同监管部门核准或注册，并在不同的债券市场发行和流通，形成了“两个市场、多头监管”的局面。通常人民银行或银监会主管的券种在银行间市场发行流通，证监会主管的券种在交易所市场发行流通，财政部和发改委监管的债券则两个市场都有。这种监管分治的格局大大削弱了债券市场的监管效率，近年来市场各方不断呼吁，希望尽早建立债券市场统一监管机制，实现自律管理手段与行政监管手段、司法手段的有效衔接。

不同的债券市场和不同的债券品种的监管机构都不同：人民银行监管银行间债券市场，而证监会则监管沪深交易所。从债券品种角度看：国债和地方政府债券由财政部审批监管，银行和证券公司均可以作为承销商；企业债由发改委监管，发改委为企业债的法定注册机关，指定中央国债登记结算有限责任公司为受理机构，中央国债登记结算有限责任公司、中国银行间市场交易商协会为审核机构，发改委规定企业债承销商只能是证券公司，但近年来也偶尔尝试允许银行作为其承销商。公司债由证券交易所负责发行上市审核，由证监会进行发行注册和监管，证监会严格限定公司债承销商只能是证券公司。非金融企业债务融资工具由银行间市场交易商协会监管，交易商协会是银行间债券市场的自律组织，它的业务主管单位为人民银行，债务融资工具发行和流通的市场就是银行间市场，承销商银行和证券公司都有。2008 年，交易商协会在我国债券发行中最早实施注册制。注册制下的监管机构不对债券主体做实质性分析，只要做到信息充分披露就可以，把真正的实质分析和风险判断交给市场和投资人。由于交易商协会是自律组织，而且最初发行主体很多是非上市的民营企业，即使出现违约，对整体债券市场冲击的预期成本也较低。正是因为交易商协会创新引入了注册制和不断总结经验，目前我国所有公开发行的公司信用类债券都实施了注册制，这也是监管竞争的收益之一。

还有一类特殊债券就是金融债，金融机构发行的债券都叫金融债，包括开发性金融机构和政策性银行、商业银行、企业集团财务公司、金融租赁公司、汽车金融公司和消费金融公司、保险公司和证券公司等金融机构发行的债券。除了一般的金融债以外，还包括“三农”、小微、绿色、双创等体现政策性、专项用于特定领域的专项金融债。这类金融债的监管机构是中国人民银行，发行实行审批制度，也就是国家金融监督管理总局先受理同意后，由人民银行核准。上市和流通的场所自然在银行间市场。承销商是银行和证券公司。必须指出的是，证券公司发行的债券实际上走的是公司债的审核通道，经交易所审核，在证监会注册，毕竟证券公司属于证监会监管。

从证券公司债的监管可以很清楚地看到我国债券市场监管体系分割的本质，虽然从本质上看，证券公司债也属于金融债，与其他金融债应该遵循同样的监管标准，接受相同的监管机构监管，但是，由于我国分业监管的格局，以行业为基础的机构监管在日常的监管活动中并没有真正按照金融工具的本质进行相应的功能监管。在金融创新的驱动下，债券市场的产品与服务的范围在持续的创新过程中是不断变化的，且不断突破传统的行业范围和领域，机构监管的实践导致债券市场面临监管重叠和监管真空并存的局面。

历史上不同的监管机构对债券品种、发行主体（或基础资产）准入条件、发债资金的用途要求、发行条件、信息披露要求、评级机构选择的要求都各有不同。2018 年 8 月，国务院金融委召开防范化解金融风险专题会议，首次提出“建立统一管理和协调发展的债券市场”。

先是软件维度：制度规则逐步统一；然后是硬件维度：基础设施互联互通。2019 年 8 月，证监会与人民银行、银保监会联合发布《关于银行在证券交易所参与债券交易有关问题的通知》，将参与交易所市场现券交易的银行范围由原来的上市银行扩大至各类型银行，允许银行参与交易所市场债券现券协议交易；在发行人方面，推动政策性银行在交易所市场发行金融债，未来应该探索准许更多发行机构在两个市场上同时发行债券。

2020 年 4 月，党中央、国务院明确提出“推进债券市场互联互通”。2020 年 7 月，人民银行和证监会发布联合公告，同意两市场基础设施机构开展互联互通合作，并决定由上海证券交易所牵头组织两市场基础设施机构，联合推进机制建设各项具体工作。这是债券市场硬件方面统一的标志性措施。

在信息披露上，推动公司信用类债券信息披露规则分类统一。2020 年底，在公司信用类债券部协调机制下，人民银行会同发展改革委、证监会联合发布了《公司信用类债券信息披露管理办法》及配套制度，为统一公司信用类债券发行及存续期的信息披露要求奠定了制度基础。2021 年《意见》要求按照分类趋同的原则，逐步统一公司信用类债券发行交易、信息披露、信用评级、投资者适当性、风险管理等各类制度和执行标准。

从国际经验上看，大部分发达国家的监管体系可以概括为发行端多头监管、交易端统一监管。比如美国国债发行主体为美国财政部；市政债发行主体为州与地方政府部门，由当地自行管理；非金融企业发行的公司债由美国证监会（SEC）监管；银行发行的公司债由货币监理署等机构监管。不过在二级市场监管上，美国债券市场统一由美国证监会监管。

我国债券市场监管机构见表 4-1。

表4-1　中国债券市场监管机构

监管机构	监管事项
人民银行	银行间债券市场、商业银行柜台 中央银行票据、金融债券、证券公司短期融资券、非金融企业债务融资工具、信贷资产支持证券、熊猫债券、同业存单等。其中，银行间市场非金融企业债务融资工具的发行、注册由中国人民银行主管的交易商协会进行行业自律监管
财政部	国债、地方政府债券、熊猫债券
发改委	企业债券、熊猫债券、铁道债券
证监会	交易所、中金所 公司债券、证券公司短期融资券、可转换债券、可交换债券、企业资产支持证券、熊猫债券、国债期货
国家金融监督管理总局	银行业机构发行的金融债、信贷资产支持证券 保险公司次级定期债券、保险公司金融债券
外汇管理局	熊猫债券

政府类债券、金融债券和非金融企业债券这三类监管体系的比较见表 4-2。

表4-2　三类债券监管体系比较

	政府类债券	金融债券	非金融企业债券		
产品类别	国债、地方政府债、央行票据	银行债、金融机构债、保险公司债等	企业债	公司债	债务融资工具
法律依据	《预算法》《地方政府债券发行管理办法》等	《银行法》《商业银行法》《全国银行间债券市场金融债券发行管理办法》等	《企业债券管理条例》等	《证券法》《公司债券发行与交易管理办法》等	《银行间债券市场非金融企业债务融资工具管理办法》等
监管机构	财政部	以人民银行为主	发改委	证监会	人民银行
发行审批	审批制	国家金融监督管理总局先受理同意后，由人民银行核准	中央结算公司和交易商协会受理、审核，发改委注册	证券交易所受理、审核，证监会注册	交易商协会注册

续表

	政府类债券	金融债券	非金融企业债券		
交易场所	银行间市场/交易所市场	银行间市场	银行间市场/交易所市场	交易所市场	银行间市场
主承销商	银行/证券公司	银行/证券公司	银行/证券公司	证券公司	银行
登记托管结算机构	中央结算公司	中央结算公司	中央结算公司	中证登	上清所、中央结算公司

图 4-1 为 2020 年 11 月 20 日—2021 年 11 月 20 日我国银行间债券市场与交易所交易结构。

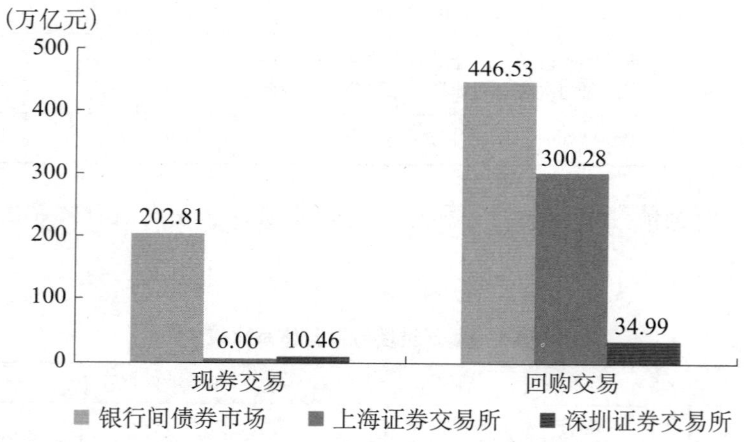

图 4-1 银行间市场与交易所交易结构

资料来源：Wind.

（三）金融基础设施的分割

基础设施为债券市场安全高效运行提供保障，是债券市场的主要组成部分。债券市场金融基础设施是指债券市场参与机构（包括系统的运行机构）之间，用于结算、清算或记录支付、证券、衍生品或其他金融交易的多边系统和运作规则，包括支付系统、证券结算系统、中央托管系统、中央对手方和交易数据库。债券市场基础设施的分割主要指的是后台托管结算系统分割，而不是前台交易系统分割。欧美主要国家债券市场也有场内场外之分，都有多个交易平台和交易所，但托管结算后台是统一的，实现了由唯一的中央登记托管机构（Central Securities Depository，CSD）办理债券托管结算。市场分割不在于存在多个交易前台。债券市场本身就是以场外交易为主，多元化交易方式、多个交易前台竞争反而有利于降低交易成本。理想的状况是放开不同债券品种、不同投资者在银行间和交易所不同交易前台的分割限制，鼓励竞争。不论在哪个平台交易债券，投资者都可以通过前后台互联互通机制办理债券登记托管和结算。

我国债券市场主要分为银行间债券市场（人民银行监管）和交易所债券市场（证监会监管）①，两个市场具有不同的交易系统、托管和清算系统。

对于银行间市场基础设施来说，交易商协会偏重于前台的注册和准入，外汇交易（暨同业拆借）中心承担的是组织交易的功能，交易中心实际上类似于交易所的前台，它只提供了一个交易系统，最终的清算和交割都是由后台的登记结算机构（中央结算公司 / 上清所）来负责的。凡是人民银行监管、交易商协会准入的券种，发行说明书 / 信息披露和托管都在上清所；所有非交易商协会准入品种，如国债和金融债（国家金融监督管理总局监管）的登记托管都在中央结算公司。银行间市场是中国债券市场的主体，债券存量接近全市场的90%。该市场属于大宗交易市场（批发市场），参与者是各类机构投资者，实行双边谈判成交和做市商报价，主要实行“实时、全额、逐笔”的结算方式。② 中央结算公司为投资者开立债券账户，实行一级

① 银行柜台和自贸区市场由于金额不大，本部分不予考虑。

② 上清所提供双边或多边净额结算服务。

托管，并提供交易结算服务。银行间市场是我国债券市场的绝对主体，托管量所占比重接近9成，交易结算量占比也接近8成。

交易所的前台交易系统包括公众投资者参与的集中竞价系统和机构投资者、交易商才能参与的固定收益平台。交易所的主要定位是集中撮合交易的零售市场，典型的结算方式是净额结算。交易所债券实行两级托管体制，其中中央结算公司为总托管人，负责为交易所开立代理总户，中证登为债券分托管人，记录交易所投资者明细账户，中央结算公司与交易所投资者没有直接的权责关系。交易所债券交易结算由中证登负责。

投资者可将持有的同一债券在不同托管机构间进行托管转移。在银行间市场和交易所具备交易资格的投资者，可以将符合转托管条件的债券在银行间市场和交易所之间进行转托管。目前可以跨市场托管的品种包括政府债和企业债。中央结算公司在受理转托管后将债券划拨至中证登账户内，债券次日可在交易所交易；中证登在受理转托管后需经过日终清算方可将债券划拨至中央结算公司账户，债券次日可在银行间债券市场交易。

从金融基础设施的角度看，我国市场分割的核心是债券登记托管体系的分割和碎片化。投资者在不同托管机构分别开立债券账户，资金跨市场开户托管，面临两套交易系统，不同账户间的债券难以进行交易结算和自由流动，并且受到制度约束与不同交易机制限制。市场分割增加了投资者开展债券投资交易的复杂度和成本。就目前而言，两个市场最大的割裂依然体现为债券回购交易割裂以及部分银行只能通过加一个通道来参与交易所债券业务。

应当推动高水平的债券市场基础设施互联互通，切实提升债券市场运行效率、降低成本。首先要推动前台交易系统和后台托管结算系统互联。我国债券市场应当由一家机构统一办理中央托管和集中结算，投资者只需开立一个债券账户，维持一套业务运营体系，就可以支持参与所有的债券投资交易活动，在人员、系统、内控等方面极大提升效率，降低交易成本。

（四）发行和交易体系分割

由于监管机构不同，债券发行的市场是有差异的。具体而言，公司类信用债发行主体逐步可以选择不同市场和审核主体进行发行，企业债是发行和登记托管都可以跨市场（目前二级市场是单向流动，只能银行间向交易所转托管），而公司债和债务融资工具两个市场发行条件差别不大，发行人需要考虑监管审核条件、发行利率、发行周期等后在交易所和银行间市场之间进行选择。大部分金融债只能在银行间市场发行，政策性金融债可以在交易所市场发行，证券公司债只能在交易所市场发行。对于ABS而言，银行业的信贷ABS只能选择在银行间市场发行，而其他企业可以选择在交易所市场发行企业ABS和在银行间市场发行ABN。国债只能在银行间市场发行，地方政府债则可以跨市场发行。显然，债券发行市场取决于该债券受何种机构监管。

债券一级发行主要有簿记建档和招标发行两种方式。信用债券多采用簿记建档方式，利率债多采用招标方式。交易所市场发行为线下申购或定向发行，银行间市场发行为直接使用招标系统或北京金融资产交易所系统投标。目前，银行间市场簿记建档方式往往由承销商对发行利率区间进行指导，随后在投标系统关闭前由承销商根据投资者申报的额度和标位在系统内提交；交易所市场主要通过传真或扫描投资者申购单的形式来确认投资者申报额度和标位。企业债在中央结算公司进行现场簿记建档，严格监控簿记时间；交易所和银行间其他信用债券簿记建档都可以根据发行人的要求不断延时，但银行间市场可以发行多天，交易所市场一般要求当天。

银行间债券市场参与者都是机构投资者，包括人民银行及财政部等特殊结算成员、商业银行、非银行金融机构、证券公司、保险机构、基金公司、非金融机构、非法人机构投资者、境外机构投资者等。交易所债券投资者分为合格投资者和公众投资者。以上交所为例，合格投资者包括证券公司、基金管理公司及其子公司、期货公司、商业银行、保险公司、信托公司、财务公司等金融机构，证券公司资产管理产品等非法人机构投资者，QFII 和 RQFII 等境外机构，净资产不低于人民币 2 000 万元的企事业单位法人、合伙企业，名下金融资产日均不低于人民币 500 万元的个人投资者，等等。

两个市场融资方式也存在差别。银行间市场的融资方式主要包括拆借交易和回购交易，其中回购交易分为质押式回购及买断式回购。银行间市场主要采用一对一询价方式开展交易。交易所市场的融资方式主要有质押式回购交易、协议回购和第三方回购，其中质押式回购为标准产品，由中证登充当中央对手方，对质押式回购交易的可质押券、对应的标准券折扣系统、期限（9 个品种）等要素进行明确规定。同时，为提高债券融资效率，上交所和深交所提出了协议回购和第三方回购作为对质押式回购交易的有效补充。

2021 年 8 月 18 日，人民银行会同发展改革委、财政部、银保监会、证监会和外汇局联合发布《关于推动公司信用类债券市场改革开放高质量发展的指导意见》(可以将其理解为信用债的未来五年发展规划)，这是继《关于进一步加强债券市场执法工作有关问题的意见》、《关于公司信用类债券违约处置有关事宜的通知》和《公司信用类债券信息披露管理办法》之后，债市大一统的又一个标志性文件，预示着经过多年努力，目前国内债市已相继在证监会主导的执法工作、违约制度框架、信息披露、信用评级、债券市场基础设施（央行主导下的互联互通）以及高质量发展等方面迈入了新的统一时代。

三、构建统一债券市场的政策建议

债券市场统一绝对不是交易所市场和银行间市场无差别融为一体，而是应该根据债券品种、发行者和投资者的不同需求，在两个市场上设置有所区别的发行和交易制度，取消由于监管机构不同而人为设置的制度差别，即消除不合理的行政分割，基于效率的、自然演进形成的市场分割仍然需要保留。交易所市场（场内）和银行间市场（场外）的物理空间区别则没有实质意义。

整体而言，交易所市场是适合于中小投资者的零售市场，而银行间市场定位于机构间的批发市场。交易所市场的投资者主体应该是中小金融机构、企业和自然人，大型金融机构可以适度参与交易所市场，而银行间市场则应该是以商业银行为主的机构投资者参与的市场。利率债和规模巨大的高等级信用债由于信息不对称问题不严重、流动性较好、定价效率高，既适合于在交易所市场采用撮合竞价方式进行交易，也可以在银行间市场采用协议转让定价或做市商制度完成机构投资者之间的大宗交易。而大量的信用债由于发行量小、可能是私募发行、流动性弱或评级不高，估值存在难度，只适合于在机构投资者之间进行交易并采用协议转让和做市商制度。

所以，两个债券市场分割的核心表现就是不同监管机构监管的产品只能在一个市场上发行和交易（会有少数品种，如企业债等，可以跨市场发行和跨市场交易与转托管）。由于交易习惯、制度差异、规定限制以及交易所流动性不足，银行主要在银行间市场交易，发挥承销商和做市商等中介机构职能，而很少涉足交易所市场。券商主要在交易所市场作为承销商和做市商发挥作用，只有少数实力雄厚的券商被允许在银行间市场开展承销业务。

债券市场高效率的统一模式应该是两个市场发行和交易制度完全

统一，信息披露制度和抵押制度也要统一。交易所市场除了撮合竞价系统之外，还应该允许机构投资者（特别是商业银行）通过固定收益证券综合平台以协议转让定价等方式完成交易。[①] 所有的企业都可以自由选择在两个市场上发行债券，银行和券商在两个市场上都应该具有承销商资格，二者可以自由选择在两个市场上开展债券承销服务。

做到上述两个市场真正的统一，需要组织制度和法律上的保障。要依托金融稳定委员会，在国务院层面以发行注册制为核心内容，推动不同债券监管框架的统一性重构。推动中国债券市场的上位法《中国债券法》出台，为中国债券市场的发展提供坚强的法律后盾。统一市场还需要统一的金融基础设施，出于安全与效率的考虑，应在可能的最大范围内实现中央托管。

随着中国债券市场统一进程的推进，“同券同价”将促进债券市场定价功能的发挥，提升整个债券市场的流动性，有助于利率市场化改革，提高货币政策的传导效率。

① 将交易所市场的固定收益证券综合平台和银行间市场的本币交易系统打通，是实现债市互联互通最便捷和直接的途径。

第五章
债券市场登记和托管

债券登记托管制度是债券市场的重要基础性制度，对保障债券市场安全有效运行至关重要。随着债券市场的发展，债券登记托管制度经历了不断探索和完善的过程，相关实践也推动了理论的不断进步。

一、债券登记、债券托管的基本概念

（一）债券登记

债券登记是指登记机构依据法律法规，受债务人委托，以簿记方式记录债券信息，确认债券权属的行为。在中国境内，债券中央托管机构同时承担债券登记职能，又称债券登记托管结算机构。

“依据法律法规”表明债券登记是一种要式法律行为，具有如下效力：一是登记生效。债券权利以登记作为生效要件，登记是权利变动的基础和依据，债券权利的设立、变更和灭失都在债券登记后发生效力。债券登记结果具有权威性和唯一性，一经产生，即可排除其他人对债券权利的行使。二是公信效力。债券登记由权威机构依据法定或权威的程序作出，社会公众都相信其是真实的、正确的权利状态。

债券登记机构应保证登记过户记录的真实、准确和完整。公信力还体现为保护善意第三人，即对于登记内容予以信赖者，法律根据信赖内容赋予法律效果，保护信赖登记的善意第三人的正当权益不受侵害。

“受债务人委托，以簿记方式记录债券信息，确认债券权属的行为”具有以下三层含义：第一层含义是确认债务人身份，即登记机构要求债务人提供一系列授权协议，并对债务人资格进行形式审核。第二层含义是记载债券要素及权利内容，包括债券基本要素（债券名称、代码、期限和利率等）和债券承销额度，以及债券持有人的权利和债券受押后的担保物权，例如求偿本金的权利、收益权、选择权等。第三层含义是确认债券权利的归属，宣告发行人和持有人之间的债权债务关系，并对债券权利的变动情况进行动态记录和确认，登记在册的债券持有人依法享有债券权利。确认债券权利的归属是债券登记的核心内容，是明确债权债务关系、保障投资者权益的重要途径，也是债券持有人交易债券的基础。债券登记贯穿于债券的全生命周期，只要有债券权属的变化，就有债券登记行为的发生。

（二）债券托管

债券托管是指托管机构接受债券持有人委托，对债券持有人的债券权益进行维护和管理的行为。

债券托管概念源于实物券时代，起初是指中介机构代客户保管纸质实物券的服务。债券托管的本质是一种服务、一种契约行为，自然人或法人参与公开发行债券的投资交易等金融活动，需要通过金融中介机构提供债券权益的管理和资产服务，自然形成了债券托管服务。随着债券无纸化发展，债券托管进一步演变成为债券持有人提供开立账户、维护和管理债券权益等服务。

根据托管层级的不同，债券托管分为一级托管和多级托管。其中，一级托管是指最终投资者以自己的名义将债券托管于中央登记托管机构（CSD），由CSD直接管理投资者的债券权益；多级托管是指终端投资者将债券托管于中介机构，中介机构再以自己的名义托管于上一级中介机构，直至CSD，中介机构是其托管债券的名义持有人，终端投资者只能通过中介机构主张债券权利。

以上两种托管模式相比，一级托管具有明显优势：法律关系清晰，投资者权益可以得到有效保障；中间环节少，操作风险小；监管便利，可控性强。而多级托管则存在挪用风险高、增加市场复杂性等问题。多级托管一般有以下特征：名义持有、混同账户和分级参与。其中，名义持有是指实际投资者在中介机构开立债券账户并托管债券，成为债券的受益人，而中介机构作为名义持有人持有债券，债券的所有权与受益权因"名义持有人"制度而分离，中介机构隔断了投资者和发行人之间直接的法律关系，投资者无法直接向发行人主张债券权利。混同账户是指中介机构以自身名义开立账户，混同记录其所有客户（包括次一级中介机构和投资者）的债券，该账户不表明单独客户的具体身份和信息，客观上加大了中介机构挪用客户债券的信用风险。分级参与是指多级托管的账户结构呈多层次的金字塔架构，从最终投资者到发行人之间存在多个持有层次，债券账户体系层层嵌套，投资者的债券权益亦需要层层追溯，增加了复杂性和穿透监管的难度，易产生信用风险和流动性风险，影响金融基础设施的平稳运行。正如《金融市场基础设施原则》所指出的："分级安排中固有的依赖关系和风险，会给金融基础设施、市场参与者以及更大范围的金融市场带来风险。"

国际实践中，多级托管模式大多是实物券时期的历史路径依赖所致，并不代表先进经验。在纸质化时代，由于信息技术受限，无法实现由一家机构服务全市场，每个投资者分别选择方便、熟悉的机构开立账户，对实物券进行分散托管，分散托管机构层层叠加，最后收拢到 CSD，形成多级托管。因此，多级托管只是历史发展早期因被动选择而逐步形成的固化利益格局，并不具有先进性。实践中已发生大量因次级托管机构有意或无意造成的风险事件，如 2005 年我国交易所回购风波、2008 年美国雷曼兄弟公司挪用客户资产、2011 年美国曼氏金融公司挪用客户保证金等。为克服多级托管模式的固有弊端，已实行多级托管的传统市场纷纷采取补救措施。一些国家建立一级托管制度以满足投资者需求，例如美国的中央托管机构——美国证券存托与清算公司（DTCC）于 1996 年推出直接登记系统 DRS（direct registration system），投资者可以直接以电子方式将其持有的证券登记在发行人的投资者持有名册上；还有一些国家和地区（如西班牙、中国台湾地区）辅以“穿透模式”防范多级托管的风险，即中介机构在 CSD 开立名义持有账户的同时，也必须在 CSD 为客户申请开立明细隔离账户，相应地，CSD 在与次级托管机构总账户完成债券过户交收的同时，也为该托管机构名下客户的二级明细账户办理债券过户交收。

（三）债券登记和债券托管的关系

从概念属性上看，债券登记与债券托管是不同的概念。首先，两者的委托主体不同，债券登记由债务人驱动和主导，债券托管由债权人驱动和主导。其次，两者的权利义务关系不同，债券登记强调债务人和债权人的关系，债券托管强调债权人和托管机构的关系。最后，两者的功能和目的不同，债券登记是一种要式法律行为，其目的在于确权，而债券托管是一种服务，其目的在于确保安全和交易便捷。

从业务逻辑上看，债券登记与债券托管存在内在联系。登记是托管的基础。托管是对债券权益的管理，前提是要确认债券本身的真实性以及债券权属，因此必须依靠登记机构真实、合法的登记信息。此外，在电子化时代，信息技术的支持使得债券登记和托管在实务操作层面的边界逐步模糊，即登记和托管都以电子簿记方式作为实现手段，均表现为对债券账户信息的管理。

二、债券登记托管制度的历史沿革

（一）无纸化改变了债券登记、托管的形式

信息技术的发展使无纸化成为趋势，债券的存在方式从实物形态转变为电子形态。

从债券登记角度看，无纸化使债券登记的重要性日益突出。在实物券时代，债券的纸质凭证是权利载体。当债券发生转让时，对于记名债券，受让人可持有经原持有人背书的债券到发行人处确认债券权属；对于不记名债券，由受让人直接持券确认权属。债券无纸化颠覆了实物券时代的债券登记模式。纸质凭证不再是债券的权利载体，债券权益只能通过登记方式来确认，投资者持有债券、主张权利的依据是登记机构的债券账户上记载的数据信息。债券交收环节也不再需要实物券的交付，只需通过登记机构的簿记系统记录债券权属的转移。债券登记的作用和意义更加凸显。

从债券托管角度看，无纸化改变了传统的债券托管模式。实物券转化为托管账户中的电子簿记内容，托管行为转变为托管机构在电子系统里记录债券的数据信息。保存实物券的作用被最大限度压缩甚至取消，债券托管不再强调对实物券的保管，而更强调对托管账户信息的维护和管理。

（二）债券登记、托管由分散走向集中是历史发展的必然

债券登记最初是由发行人自行办理的，随着市场的发展和交易规模的扩大，产生了由专业登记机构集中办理登记的需求。在西方一些国家和地区，债券登记机构通常由市场公认机构来完成，例如欧洲清算银行有限公司和明讯银行。还有一些国家由法律法规授权的机构来完成，例如，根据《银行间债券市场债券登记托管结算管理办法》（中国人民银行令〔2009〕第 1 号），中央结算公司是主管部门在银行间市场指定的登记机构。

随着债券的无纸化和非移动化进程，债券托管从极度分散走向高度集中，安全性和效率不断提升，规模经济效益不断增加。20 世纪 60 年代以前，债券以实物券方式流通，且采用分散托管的制度。随着债券交易规模的增加，实物券的交付带来了巨大的业务量，超出了债券市场后台的可承受能力，最终导致美国证券市场出现了“纸处理危机”。危机推动了中央托管制度的建立，即投资者将债券集中托管在一个托管机构，买卖债券不需要实物交付，仅需中央托管系统的划拨。中央托管因其可以发挥规模效应和网络效应，提升债券市场整体运行效率，已成为国际标准和实践普遍推荐的模式。1989 年，国际金融和货币事务咨询小组（G30）最早提出“建立中央证券托管机构”；2001 年，国际清算银行和国际证券委员会组织发布的《证券结算系统建议》指出，出于安全与效率的原因，应在可能的最大范围内实现中央托管；通过将托管结算操作集中于单一实体，可以实现规模经济并有效降低成本。

我国债券市场的登记、托管也经历了从分散到集中的过程。市场早期由分散的金融机构办理债券登记并代为保管债券，随着债券的发行和交易规模的扩大，分散的登记、托管引发了一系列虚假发行、超

冒信用、私卖挪用等欺诈行为，酿成严重的金融风险，危害了债券市场乃至整个金融体系的健康、有序运行。实践证明，分散的登记、托管不利于市场的安全和效率，我国开始从实践和法律层面推动债券集中的登记、托管。1996 年，中央结算公司成立，实现了银行间市场债券集中的登记、托管。依照《中华人民共和国证券法》第一百四十八条，“在证券交易所和国务院批准的其他全国性证券交易场所交易的证券的登记结算，应当采取全国集中统一的运营方式。”债券集中的登记托管制度从法律层面得以确立。

（三）我国债券市场登记托管体制的发展历程

历史上的重大变革往往是以重要事件驱动的。40 年来，随着我国债券市场的不断发展扩容，债券市场登记托管结算也经历了从分散到集中、从混乱到优化、从低效到高效的发展历程。以 1996 年为分界点，在此之前，由于登记托管机构分散混乱，债券市场乱象频出、风险巨大。1996 年 12 月，中央结算公司成立，债券中央登记托管体制正式建立，债券市场基础设施建设迎来了重大飞跃，市场建设由乱到治，银行间债券市场迅速崛起，大国债市开启蓬勃发展的新篇章。

1. 中央登记托管体制确立前的债券市场基本情况

在中央登记托管体制建立之前，我国的债券市场大致可以分为两个发展阶段：

第一阶段（1981—1990 年）：债券一级市场恢复发展，二级市场逐步建立

1981 年 1 月，国务院会议通过了《中华人民共和国国库券条例》，确定从本年开始发行国库券，我国恢复了一度中断的国债发行。紧随其后，1982 年金融债券和企业债券先后成功发行。我国债券的一级市场逐渐形成。1987 年，中国人民银行上海分行公布《证券柜台交

易暂行规定》，明确了经认定的政府债券、金融债券、公司债券可以在经批准的金融机构办理柜台交易，我国债券二级市场开始出现。彼时，债券市场以场外为主，发行券种以实物国库券为主，主要由投资者自行保管或分散托管于代保管机构，交易只能在代保管机构所在地进行，不能跨地区交易。彼时我国并未建立起规模化、规范化的债券市场登记托管体系。

第二阶段（1990—1996 年）：市场迅速发展，体制机制尚存短板

一是交易场所遍地开花。1990 年 11 月，新中国第一家证券交易所——上海证券交易所成立并开办国债业务，场内债券交易由此产生。同年，深圳证券交易所开始试运行。1992 年，中国证券交易系统有限公司（NET，以下简称“中证交”）成立。这些交易场所均具有全国性市场的作用。之后，全国陆续成立了多家非交易所性质的集中性交易市场，包括武汉证券交易中心、全国证券交易自动报价系统（STAQ）、天津证券交易中心等。

二是交易方式不断创新。彼时我国债券市场开始较快发展，国债、政策性金融债、企业债、央行票据等券种持续扩展，债券现货交易、债券回购交易、国债期货交易等交易方式不断创新，前述交易场所都先后开办了国债交易和回购业务。据不完全统计，1994 年，全国参与国债回购交易的机构估计在 3 000 家以上，国债回购交易总量超过 3 000 亿元（单边交易量），到 1995 年，各交易所和证券交易中心的回购交易量已超过 4 000 亿元，国债回购交易量约占到全部交易量的一半。

三是中央登记托管体制缺位。1997 年之前可流通国债均通过证券交易所的网络招标发行，因此保管于证券交易所。此外，1996 年之前债券市场尚未完全完成无纸化进程，个人投资者购买的国债基本保管在证券公司等经纪商的柜台中。债券市场中央登记托管机制缺位。登

记托管分散、各自为政，证券交易中心、证券公司等大量金融机构网点作为“国债服务部”，能够提供托管业务，为投资者存放的实物券提供保管单。交易商拿着一张国债代保管单便可到交易场所自己的托管部进行债券登记，而后以此开展回购交易，由此导致市场出现大量虚假国债保管单和保管券。债券市场登记托管结算仍处于分散状态。

2. 建立中央登记托管体制的必要性和紧迫性

分散、无序的债券登记托管体制严重影响了我国债券市场的稳健运行，种种市场乱象屡禁不绝，诸多问题亟待加以整顿和改革，这是实现债券市场由乱到治的必要条件。

一是虚假托管、挪用猖獗。国债从发行到兑付各环节均存在严重隐患，出现承销机构超冒发行及挪用投资者国债和伪造变造实物国债等诸多严重事件。交易商拿着一张国债代保管单便可到交易场所自己的托管部进行债券登记，而后以此开展回购交易，加上虚开乱开、虚假托管的乱象严重，国家信用被严重冒用，债券发行人和监管部门无法准确掌握市场总貌，出现了大量兑付危机。同时，很多证券公司的自有债券与客户的债券混同，在利益的驱使下，证券公司擅自动用客户委托管理的国债进行回购交易套取资金，损害投资者权益。国债市场因托管不集中、交易不规范、风险管理失效，发生了“327 国债期货”事件以及数额达上千亿元的国债回购债务链难以清偿等系统性风险。

二是债券质押、回购业务严重变味。虽然当时规定国债回购交易需要有 100% 的债券作质押，但事实上各交易所和交易中心普遍采取了比例回购交易方式，交易者只要有一定数量的债券，就能使融资额放大数倍，大部分机构的质押券价值严重不足，所谓的“铺底券”平均只占融资金额的 30% 左右，低的只有 5% 左右。大量被套取的资金从事房地产、股票等投机活动。一方面，投机资金短期内很难收回，甚至变成了无法收回的坏账，证券交易中心回购未清偿额的逾期比例高达四成；另一方面，资金流入房地产、股票等领域从事投机活动带来了金融风险的跨市场传染，不仅破坏了债券市场健康发展的基础，更是严重危及金融体系安全和社会稳定。

三是市场分割、前后台混同。托管机构之间互不承认其他机构托管的债券份额，导致市场被人为分割，交易成本较高。同时，债券交易机构身兼交易、登记、托管等数项职能，存在争取托管市场份额的内在激励，市场出现了恶性竞争。

与此同时，金融体制改革大业也急需统一、专业、规范的债券市场中央登记托管服务，尽快建立中央登记托管基础设施迫在眉睫。

一是政策性金融债券市场急需相关支持服务。为响应党的十四届三中全会关于深化金融体制改革的重大部署，推动实现专业银行商业化，需要剥离银行的政策性金融业务。1994 年，我国正式成立国家开发银行、中国进出口银行和中国农业发展银行三家政策性银行，其资金筹措的主要方式是面向金融机构发行政策性金融债券，当年发行债券面值600多亿元，这迫切需要对债权债务进行规范管理的中介服务。

二是货币调控方式酝酿重大转变。1993 年，党的十四届三中全会对深化金融体制改革的任务和目标做了明确部署。为实现专业银行商业化和中央银行金融调控间接化，发展金融市场特别是债券市场成为必要的改革配套措施。1995 年前后，《中国人民银行法》正在谋划制定中，我国的货币调控也逐步由直接调控向间接调控过渡，以适应市场经济体制的要求。间接调控最常用的工具是公开市场操作，完成这一转变迫切需要依托“一个市场＋一个系统”作为基础。“一个市场”是指建设一个健康稳健、兼具深度和广度的债券市场。虽然债券市场是所有金融市场中政府参与度最高的市场，也是财政政策和货币政策协调的结合点，但当时国债市场相对分散。“一个系统”是指支持公开市场操作的技术系统。

3. 建立中央登记托管体制已具备基础性条件

针对上述情况，管理部门开始思考从根源上保障市场平稳运行、控制金融风险、保障宏观调控，并探索从制度机制上建设高水平债券市场、适应金融和国民经济持续发展的路径。事实上，剖开我国国债市场混乱的表象，根源之一是分散的登记保管体系使得各机构的债券持有及变动、资金流向情况均无从知晓。因此，管理部门决定尽快在我国建立统一的债券中央托管体制，并动员市场各相关方面积极付诸实践。经过不懈的努力，到了 1996 年，我国建立统一的债券中央登记托管体制已具备以下三个条件：

一是理论基础。1995 年开始，中国人民银行做了大量调研，并专门研究国际经验和国际标准。发现早在 1989 年，国际金融和货币事务咨询小组（G30）针对证券结算体系发布过第一份国际标准《世界证券市场结算体制》，得到各国的普遍认同和积极响应。这份国际标准包括 9 条建议，其中的一个核心要求是“各国均应实现中央托管”，这是有效减少金融风险、改进市场效率的重要条件。因此，由中央登记托管机构实现债券的统一托管结算，是响应 G30 倡议等国际标准、提高我国债券市场国际地位的重要保障。同时，在财政部的指导下，1995 年中证交以中英文起草了国债托管和国债结算管理办法两份法规性文件，1996 年财政部主持世界银行技术援助项目，对两份文件进行了国际咨询与论证。可以说，相关理论研究基础和法律依据已基本形成。

二是实践基础。如前所述，1994 年我国正式开始发行政策性金融债。与国债的实物券不同，政策性金融债一起步就以无纸化的簿记方式发行，这不仅顺应了国际证券市场的发展潮流，更是具有防伪防窃、无须印刷搬运、成本低等优势。彼时中证交设计开发出了债券簿记系统，为当年发行的全部600多亿元政策性金融债办理统一的债券登记托管服务，为各认购人开设托管账户，并代理办理还本付息业务。可以说，我国债券的统一登记托管事实上已悄然起步，并为后续记账式债券的发行奠定了实践基础。这是中国债券市场发展史上的里程碑事件，体现了我国债券基础设施建设事业起点高、发展快的后发优势。彼时中证交已具有“两所两网”（上海、深圳两个证券交易所和STAQ、NET两个计算机网络支持的场外市场）的全国性市场地位。在此基础上，1995年，中国人民银行指导中证交为公开市场业务初步搭建了技术平台，首次采用远程招标支持发行央行融资券，并顺利运用央行融资券开展公开市场业务。可以说，中证交已经有了成功托管政策性金融债和支持央行融资券操作的经验，具备了“建立统一的全国国债登记结算体系”的实践条件。

三是技术基础。自1994年下半年起，在中国人民银行的指导和公司主要领导的全力支持下，中证交就债务工具的登记、托管与结算体系的业务模式和系统建设做了大量的研究和开发等前期工作。参照国际做法并结合我国当时情况设计了业务模式和初期需求，开发了过渡性债券结算系统，同时制定了业务规则。1995年，中证交还承接了世界银行“中国政府债券簿记系统设计”技术援助项目，学习借鉴了更多国际经验，项目于1996年5月如期完成，形成了系统的整体设计方案。

4. 中央登记托管体制的建立与发展

1996年12月，经中国人民银行和财政部协商，报经国务院同意，在中证交的基础上改组成立了中央结算公司，行使债券中央登记托管结算职责。这是我国债券市场最早创立的金融基础设施，也是唯一经国务院批准并出资设立的、专门承担金融市场基础设施职能的中央金融企业。自此，我国债券市场的中央登记托管体制正式建立，债券市场基础设施建设迎来重大飞跃。

中央登记托管体制既是中国债券市场的现实迫切需要，也是对国际登记托管结算体制安排趋势的响应，从根本上改变了我国债券分散托管的状况，中国债券市场向着统一、安全、高效的目标迈出了历史性的一步。此后，债券市场管理部门也制定颁布了相关基础性制度，这进一步明确了债券中央托管体制的法律地位，也为中央结算公司业务开展提供了依据。

1997 年，财政部颁布《中华人民共和国国债托管管理暂行办法》，第五条明确规定："国债托管实行全国集中、统一管理的体制，财政部授权中央国债登记结算有限责任公司（以下简称中央公司）依本办法按照不以营利为目的原则主持建立和运营全国国债托管系统，并实行自律性管理。"2003 年，财政部发布《国债跨市场转托管业务管理办法》，其中第六条明确"财政部授权中央国债公司承担国债的总登记职责"。1998 年，中央结算公司开始行使企业债总托管人职能，为企业债券提供中央登记托管服务。

1997 年，中国人民银行发布《关于各商业银行停止在证券交易所证券回购及现券交易的通知》，商业银行全部退出交易所市场，建立了专供商业银行进行债券交易的场外市场——全国银行间债券市场。这在一定程度上推动了我国债券市场的重心逐渐从场内转移到场外。

中央登记托管体制确立后，中央结算公司在管理部门的领导和支持下，忠实履行国家金融基础设施职责使命，以服务市场、服务监管为宗旨，发扬工匠精神，参与了全国银行间债券市场培育建设的全过程，为中国债券市场的发展做出了一系列具有里程碑意义的基础性与开创性贡献。

一是开启中国债券无纸化时代，形成债券集中登记统一的托管体系。中央结算公司成立后，充分利用信息技术的优势，在国内率先推出了债券无纸化条件下的中央登记托管体制，结束了我国实物债券分散托管的历史，维护了国家信用和金融稳定，并建立了符合我国国情、透明高效的一级托管模式。以建立债券中央登记托管体制为转折点，我国债券市场从此进入了健康、快速、平稳的发展阶段，尤其是，有了统一托管，银行间债券市场的发展有了良好基础，快速成长为中国债券市场的主体，即使在2004—2005年交易所债券回购风险集中爆发的情况下，我国债券市场总体上也仍然保持了健康发展的态势，市场的稳定性与1995年市场风险爆发时的情况已不可同日而语。实践表明，实行这一体制在大幅提高市场效率的同时也大幅降低了债券发行和交易的成本与风险，为日后我国债券市场的高速和规范发展奠定了坚实基础。

二是创建了支持报价驱动交易的安全便利的结算模式。中央结算公司充分借鉴国际先进经验，结合我国国情，自主设计，一体化构建了适应机构参与的批发市场服务模式，以及适应散户参与的柜台服务模式，并精心设置了风险防控机制，为各类投资者进入市场准备了便利、安全的通道，在有效维护债券托管与结算秩序的同时，创设了提高市场开放度的必要条件。事实证明，这套服务模式有力支持了银行间债券市场迅速崛起成为我国债券主体市场。

三是建立了国内首个券款对付（delivery versus payment，DVP）结算机制，实现了中国债券市场基础设施现代化。在中国人民银行的支持和推动下，2004年中央结算公司的中央债券综合业务系统（以下简称“中债综合业务系统”）与大额支付系统实现联网运行，建成使用央行货币的全额实时券款同步交割结算机制，根除了债券交易中的结算本金风险，同时债券自动质押融资等机制也为支付系统的稳定、高效运行提供了有力保障。这是中国金融基础设施达到国际先进水平的主要标志之一。

四是开创了债券远程招标发行的先河，确立了债券全生命周期的服务体系。1998年，中央结算公司在国内率先建成债券远程招标发行服务系统并投入应用，实现了债券发行的市场化与规范化，推动中国债券市场进入了新的阶段。公司自主建成的中债综合业务系统，集债券发行、登记、托管、结算、付息兑付、信息、担保品管理等各项功能为一体，为市场提供了债券全生命周期、"一体化"的完整服务。具体来说，国债、央票、金融债和部分企业债通过中债综合业务系统的招投标子系统发行；待招投标完成，发行数据可立刻进入簿记子系统，系统自动在客户的债券账户上进行债券登记托管；后续发生交易时，由于中债综合业务系统和前台机构的交易系统、人民银行支付系统均已建立直连，因此能够立即进行 DVP 结算，即一边在簿记子系统内进行债券过户，一边与支付系统合作完成资金结算；如债券到期或存续期内需要付息，资金子系统能够从簿记子系统中提取最新的债权名单和数据，并据此向投资人划付资金。"一体化"的好处显而易见。首先是大大降低了债券市场发行人和投资人的运作成本，简化了业务流程；其次是有效规避了各个业务环节和不同机构之间系统衔接、数据交换的风险。可以认为，这一简洁、高效、透明的登记托管结算模式，是我国债券市场基础制度的巨大优势，理应坚持。

三、坚持和巩固中央登记托管制度

（一）中央登记托管的含义

中央登记托管是指中央登记托管机构（CSD）依据法律或中央政府部门授权，同时履行对债券的中央登记和中央托管职能，实现债券中央登记和中央托管的一体化。

中央登记托管包含"中央登记"和"中央托管"两个要素。其中，中央登记是指针对某类债券或在某一集中性交易场所，由唯一登记机构依据授权对债券权属进行确认，并维护投资者名册的活动。中央登记的实质是中央确权，而实现中央确权的关键是账户架构。账户体现最终权益，真实反映债券和资金流动，是实现底层穿透的核心环节。中央托管是指由一家托管机构最终接受债券持有人委托，对债券持有人账户及债券相关权益进行集中管理和维护的行为。履行中央托管职能的机构称为中央托管机构。

"中央登记"与"中央托管"一体化是最安全、高效的方式。一方面，债券无纸化使得中央登记和中央托管业务的一体化成为可能。在无纸化时代，电子簿记系统作为债券登记和托管的实现手段，债券账户作为债券权利和义务的载体，债券登记与托管均通过对债券账户信息的维护来实现。另一方面，债券交易（或非交易过户）需要登记和托管紧密联系，以实现债券权益的快速转移。中央登记机构与中央托管机构的分离使得两个机构之间需进行频繁的数据传输，对债券交易结果的最终确认可能会出现延迟。中央登记和中央托管的一体化使得债券权益的转移、维护和管理仅通过 CSD 的账户体系即可完成，债券交收和变更登记同时发生，有效提升交易结算的安全和效率。

（二）中央登记托管在我国债券市场的实践

我国债券市场的中央登记托管制度因治乱而生。我国债券市场曾因分散托管和缺乏统一登记而经历了曲折的发展阶段。为扭转混乱局面，国家批准设立中央结算公司，结束了债券分散登记托管的历史，并陆续发布《中华人民共和国国债托管管理暂行办法》（财国债字〔1997〕25 号）、《全国银行间债券市场交易管理办法》（中国人民银行令〔2000〕第 2 号）、《银行间债券市场债券登记托管结算管理办法》（中国人民银行令〔2009〕第 1 号）等重要文件，确立了中央登记托管在我国债券管理制度中的基础地位。

中央登记托管在我国债券市场的实践主要体现为“中央登记、一级托管”的业务模式。我国债券市场在建立之初，利用计算机与通信技术迅速发展的契机，汲取国际多级托管的教训，充分发挥后发优势，摒弃多级托管沉疴，建立起“中央登记、一级托管”制度。具体而言，对银行间市场机构投资者，中央结算公司履行中央确权、一级托管职能；对境外投资者，以“全球通”作为入市主渠道，境外投资者直接在中央结算公司开立账户，以“中央确权 + 结算代理”实现安全与效率的统一；在澳门 MOX 模式下，境外 CSD 和中央结算公司合作，代投资者在中央结算公司开立明细账户，实现中央登记确权。

中央登记托管制度自建立至今，展示了强大的生命力和适应性，奠定了债券市场健康快速发展的基础。在中央登记托管制度的保驾护航下，我国债券市场迅速成长壮大，目前已成为全球第二大债券市场。事实证明，我国建立中央登记托管制度是充分释放后发优势、符合我国国情的最优实践，是遵循国际规则、世界领先的成功案例。因此，应坚定道路自信、制度自信，始终坚持并不断夯实中央登记托管制度。

（三）坚持以一级托管为主的中央登记托管

“中央登记、一级托管”是中央登记托管的主要体现。坚持中央登记托管，重点是维护一级托管的主体地位。如前所述，一级托管具有法律关系清晰、穿透性强等特点，与中央登记相结合，可以最大程度兼顾市场安全和效率。在“中央登记、一级托管”制度下，终端投资者可直接向 CSD 主张债券权益，没有混同账户风险，投资者权益可以得到切实保障；监管机构可通过 CSD 直接获取终端投资者交易信息，便于实现审慎监管；债券结算直接通过 CSD 的账户体系完成，中间环节少，债券交易结算效率高，且债券账户和资金账户一一对应，能有效降低中介机构的操作风险。我国市场发展早期就曾通过一级托管制度防范各种挪用客户债券的乱象。以一级托管为主的制度设计凝聚着我国债券市场发展的经验和教训，是监管部门智慧的结晶，并被实践发展证明行之有效、兼具安全性与效率，应坚定不移地贯彻落实。

在当前和未来债券市场政策制定和业务实践中，应充分考虑继承和发扬现有制度优势，敏锐辨识业务实质和利弊得失，避免开历史倒车。例如，个别业务领域拟为投资者开立混同账户，推行多级托管和名义持有。对此应认识到，混同账户、名义持有不利于投资者权益的确认和维护，CSD 不掌握债券交易情况和资金运行情况，客观上加大了名义持有人挪用客户债券、违规操作等风险，不利于市场风险的监测和防范。而且在我国法律环境中，无法充分保护名义持有下的投资者权益。国际上按传统实行多级托管的国家均通过立法明确名义持有下的投资者权益，如德国构造证券共有权（pooled property）概念以支持混同账户，美国创设证券权益（security interest）概念来保证投资人证券权益的实现，法国则采用非分割所有权（undivided property，中介没有实际所有权，所有权归最终投资者）概念。不论何种模式，都必须在法律层面如民法典、证券法等法典中清晰界定，而我国目前没有这样的法律基础。又如，拟在境外机构入市模式中嵌入多级托管。在这种情况下，境内 CSD 不掌握境外投资者的明细信息，人民币债券市场离岸化，形成离岸托管、离岸交易和离岸价格，一旦形成尾大不掉的格局，将对我国在岸债券市场的收益率曲线和基准利率形成冲击。再如，拟摒弃国际通行的“前台多元化，后台一体化”格局，搞多后台交叉互联，在不同托管机构间互开名义账户。这实际上增加了业务环节，意味着成本的增加和风险的提高，加大了信息归集难度，加剧了信息碎片化，降低了监管效率。

监管部门反复强调底层穿透原则，资管新规也明确规定“单独管理、单独建账、单独核算”，债券市场的业务模式应与此保持一致。一级托管是实现透明持有、穿透监管最简单、最高效、最有力的制度安排，坚持以一级托管为主的中央登记托管是实现监管目标的最优选择。

四、构建“中央确权与穿透监管”框架内的多层级托管体系

多层次债券市场建设和对外开放的新形势对债券登记托管制度提出了新要求。在坚持一级托管为主的中央登记托管制度的同时，也应考虑到市场上客观存在的多层次服务需求。例如，在债券市场对外开放的大背景下，尽管全球通模式为境外投资者在 CSD 直接开户提供了便利并获得了大部分境外投资者的认可，但仍有小部分境外投资者（主要是中小投资者）出于交易和结算的便利，习惯由自己熟悉的境外托管行提供服务。在这种情况下，应着眼于债券市场开放大局，赋予境外投资者自主选择的权利，为投资者提供多级托管业务模式的选项。这要求我们不断进行制度创新，丰富中央登记托管制度的内涵，以“中央登记、穿透式多级托管”作为现行“中央登记、一级托管”主模式的补充，积极兼容可能出现的多级托管。需强调的是，中央登记托管制度所兼容的多级托管，绝不是名义持有、不穿透的多级托管，而是经过制度改良的信息穿透的多级托管，其主要特征是坚持“中央确权”和“穿透监管”。

首先，坚持“中央确权”。无论市场机构如何介入托管业务，债券登记确权职能都应当由 CSD 履行。中央登记确权，意味着所有境外投资者虽然可通过各类中介机构开展投资和交易，但其需要在 CSD

开立明细债券账户。当发生债券业务纠纷时，应由掌握真实确权信息的 CSD 提供判断依据。换言之，在 CSD 系统中准确记载的投资人账务信息，是判断相关权责的最终标准。

其次，坚持“穿透监管”。CSD 通过为终端投资者开立单独的账户，完全掌握实际投资者的明细数据和账务信息，实现对债券和资金的实时监测，并将监测情况及时上报监管机构。“穿透监管”是落实中央关于“发展穿透式监管新技术”以及资管新规“单独管理、单独建账、单独核算”精神的客观要求，是防范债券市场对外开放过程中各类金融风险的必要之举，也是积极应对多级托管制度调整的有效措施。《金融市场基础设施原则和职责》要求“金融市场基础设施应识别、监测和管理由分级参与安排产生的实质性风险”“金融市场基础设施应该具有清晰、全面的规则和程序，提供充分的信息，使参与者能够准确了解参与金融市场基础设施承担的风险、费用和其他实质性成本。”前文已述及，债券多级托管存在多种弊端，给债券市场带来了潜在风险，因此，在对外开放中若不得不嵌入多级托管的制度安排，则必须坚持穿透监管，在登记结算环节为持有和交易提供底层穿透。

具体可做如下制度安排：一是 CSD 在为托管行开设代理总账户的同时，也为托管行代理的每个终端投资者开立单独的债券账户，直接管理投资者权益，以直接的账户基础消除误报和欺诈风险，无论中间有多少层级托管机构，CSD 的账簿都可以准确记载每个终端投资者的明细数据。这也符合国际标准关于 CSD 为投资者开立“独立隔离账户”（individual segregated account）的要求。二是由 CSD 向终端投资者提供债券券款对付（DVP）结算服务。其中，交易双方通过交易平台达成交易的，CSD 通过与交易前台之间的直通式处理（straight through processing，STP）接收成交数据并形成结算指令；交易双方在场外直接达成交易的，终端投资者通过托管行直接向 CSD 发送相关结算指令，结算指令应包含终端投资者账户信息。三是 CSD 为终端投资者提供实时查询或对账服务。当托管行或其他机构所提供的数据与 CSD 数据不一致时，以 CSD 数据为准。

“中央确权、穿透监管”是中央登记托管制度的精髓，是多层次债券市场建设应秉承的基本原则，也是在债券市场上积极贯彻中央防控金融风险、深化金融改革精神的必然选择。结合市场发展实际需要，积极兼容以信息穿透为前提的多级托管，必须以“中央确权、穿透监管”为准绳。一方面，依托安全、高效的中央登记托管服务体系，消弭多级托管不穿透、不安全的风险；另一方面，通过分工协作、合作共赢的制度安排，推动具体服务链条下沉延伸，发挥托管行的积极性，为各类市场参与者提供多层次、差异化、互补性服务，满足因多元化市场主体和交易机制产生的多元化服务需求，持续提升多层次债券市场建设水平，推动债券市场高质量发展。

第六章

债券违约处置的问题、成因和对策

自 2014 年我国债券市场首只公募债“11 超日债”违约以来，信用债违约事件不断增多。债务违约主要包括：（1）未在到期日偿还本金和利息；（2）企业申请破产、清算或被托管；（3）企业发生债务置换或重组计划等。根据中债资信评估有限责任公司（以下简称“中债资信”）的统计，截至 2020 年末，我国债券市场发生信用债违约主体共计 166 家，违约债项共计 503 项，涉及债券违约规模共计 4 687.94 亿元（剔除海外债）（见图 6-1）。2021 年上半年，我国债券市场新增 18 家违约发行人，共涉及到期违约债券 59 期，到期违约金额合计约 778.97 亿元，违约势头不减。①

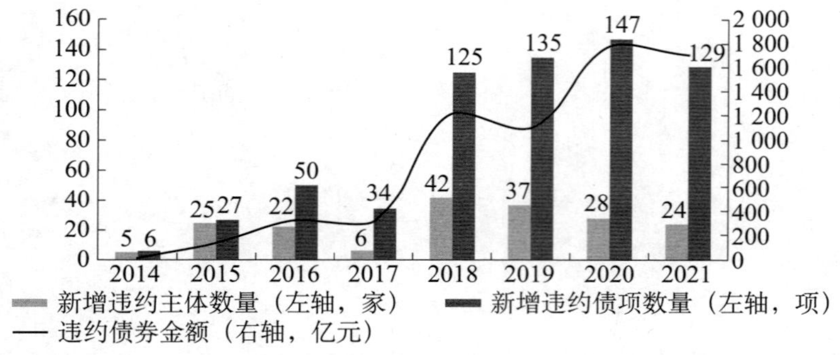

图 6-1　2014—2021 年间违约主体数量和违约金额

资料来源：Wind，中债资信 .

① 参见联合资信发布的《2021 年上半年中国债券市场违约回顾与下半年展望》。

未来随着我国经济增长进入新常态、债券市场刚性兑付逐步被打破以及市场化、法制化处置违约债券的要求逐步得到满足，信用债市场违约将逐渐“常态化”。①

一、债券违约处置的方式和面临的问题

判断债券市场违约问题严重程度更准确的指标是违约率。2016 年以来我国非金融信用债违约率（当年违约信用债本金额 / 当年信用债存量规模）均不超过 1%，而同期商业银行不良贷款率都超过了 1.5%。从违约率角度看，以公募债券为样本，计算 2015—2021 年的 1 年期滚动边际违约率（TTM 违约率），包括主体口径和规模口径。从图 6-2 可以看出，违约率曾在 2016 年年中和 2019 年上半年两次达到阶段性高点，2021 年呈现一个小高峰。

根据穆迪计算的结果，2016—2019 年主体口径全球企业的边际违约率②分别为 1.49%、0.78%、0.61% 和 1.01%，而同期的中国信用债边际违约率分别为 0.58%、0.25%、1.04% 和 1.08%，2017 年之前中国信用债边际违约率明显低于全球平均水平，2018 年以来逐渐与全球平均水平接近，甚至反超。另外，从 2016 年到 2020 年期间的平均累积违约率来看，第 1 个投资期到第 5 个投资期的全球企业平均累积违约率分别为 1.00%、2.00%、2.91%、3.68% 和 4.31%，而同期的中国信用债平均累积违约率分别为 0.71%、1.43%、2.09%、2.39% 和 2.62%，明显较低。③

① 由于中国债券市场违约历史较短，目前的统计数据可能具有偶然性，而且由于我国债券市场数据来源统计口径存在一定差异，本章引用的数据仅仅是为了说明。

② 1 年期边际违约率（主体口径）= 过去 12 个月新增违约主体数量 / 当月存续主体数量。

③ 参见海通证券研究所的《中国债券违约率趋势如何？——信用违约潮梳理及违约率测算》。

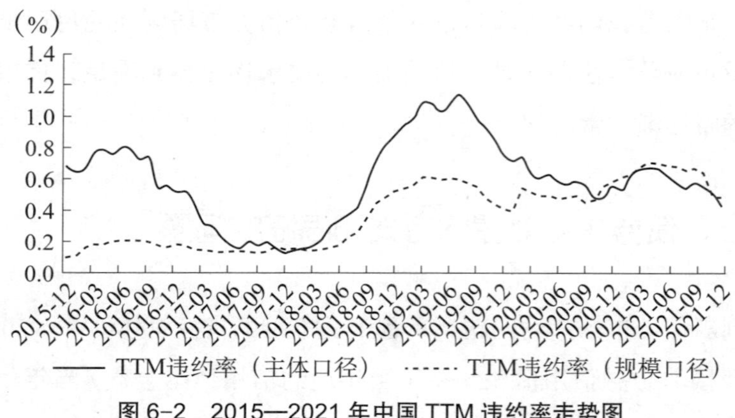

图 6-2　2015—2021 年中国 TTM 违约率走势图

资料来源：中债资信整理 .

尽管违约率不高，但我国债券市场违约处置却存在两个突出问题：回收率低和违约处置周期长。这两个问题极大地损害了债券投资者利益，甚至降低了债券市场的定价效率和流动性。

债券按违约后处置方式有无担保质押分为有担保和无担保两类债券，前者通过担保方代偿和处置抵质押物偿还等。对于有担保或抵押物增信的债券，债权人还可以向担保人追偿或处置抵押物并要求处置价款优先偿付债权人。虽然债权人理论上可以通过处置抵押物获得赔偿，降低违约后的损失率，但该形式在现实中很难推行。由于处置时间较长，后续兑付很可能通过协议私下划转并去中国证券登记结算有限责任公司报备，并不会公开最终兑付结果。例如在 12 圣达债中，债权人处置了长城动漫的股权，按照公告的价格估算回收率大约为 14%，但最终兑付时间和规模没有公告，因此很难统计最终的偿付效果。债券抵押物的回收很可能受制于抵押资产本身流动性较弱、评估价值掺水及投资人缺乏此类资产的专业处置能力等因素，在不同案例中有很大的差距。后者的违约处置方式包括司法诉讼和非司法诉讼两类，其中司法诉讼方式主要包括违约后求偿诉讼（仲裁）和破产诉讼，非司法诉讼包含协商自筹资金、债务重组和第三方代偿等（见图6-3）。债券违约后处置的一般流程是：（1）债券实质违约后，债券持有人（通过持有人会议表决授权）或受托管理人可及时向法院提起诉讼或仲裁，申请资产保全；同时，与发行人协商，争取优先通过非诉方式求偿。（2）如果协商顺利，通过非诉方式获得偿付；如果协商不顺利，通过求偿诉讼或破产诉讼进行追偿。违约以后，企业与债权人一般会首先选择自主协商。若是无法通过自主协商完成处置，则将寻求破产和解或重整方案，再次失败以后进入破产清算。而债权人在自主协商的过程中或破产诉讼之前，还会提起违约求偿诉讼。违约后求偿诉讼一般是违约初期债务人在债券到期时还有一定偿付能力或债券相对债务人大部分债务来说到期时间较早的情况。债券持有人可以向法院提起财产保全申请，具体形式包括查封、扣押、冻结等。根据《中华人民共和国破产法》，破产诉讼适用于债务人已资不抵债或明显缺乏清偿能力的情况。

破产诉讼比较适用于债务人资不抵债、偿债意愿较低或难以持续经营的情形，是最严厉的处置方案。破产诉讼分为破产重整、破产和解、破产清算三种类型。破产重整和破产和解适用于债务人还款能力尚有可能恢复的情形，进入破产重整程序往往意味着长时间的法律程序，回收周期一般至少 9 个月以上，长的可达 2～3 年，现金回收率一般不超过 30%，但可能配有转股方案；若进入破产清算，则现金回收率一般不超过 10%。而破产清算下的发行人偿债能力往往恶化且难以逆转。部分主体在兑付完违约债券后，仍进入了破产重组流程。

协商自筹资金及不良资产收购是最快的解决方案，要求发行人有强烈的偿债意愿，且有体外资金支持。债权人给予债务人一定的宽限时间，债务人通过自行筹集资金偿还债务，主要方式包括处置资产，寻求借款［如与银行、资产管理公司（asset management company，AMC）等金融机构合作］；第三方收购；引入战略投资者；寻求母公司帮助等。第三方收购包括 AMC 收购和同行收购，回收周期往往较

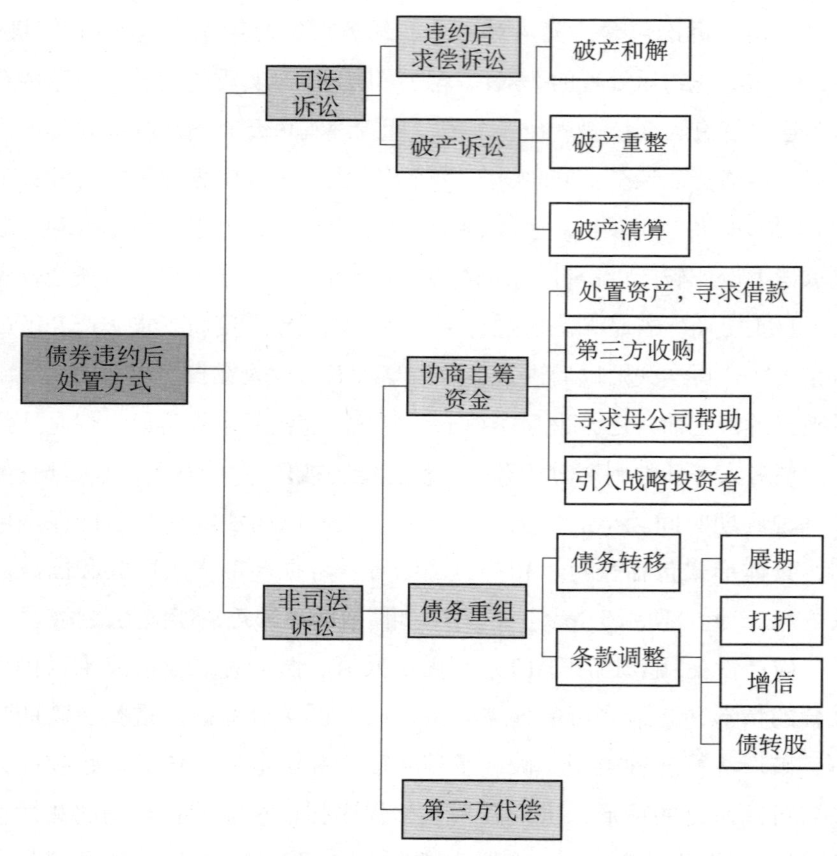

图 6-3　债券违约处置方式

资料来源：安信证券 .

短，回收率看多方博弈结果，一般为 70%～100%。有增信措施的债券违约后，持有人可用处置抵押物、向担保人求偿等方式获得偿债资金。债务重组指在不改变交易对手方的情况下，经债权人和债务人协定或法院裁定，就清偿债务的时间、金额或方式等重新达成协议的交易。债务重组主要包括债务转移（如母公司代偿等）和条款调整，如展期、打折（减少债务本金、降低利息）、增信（追加担保）、债转股等等。债务重组是最常见的处置方案，一般用于避免企业进入破产程序或者企业拟在破产前达成部分债务偿付。债务重组中回收周期和回收率是多方博弈的结果，存在较大的不确定性。

据 Wind 提供的违约偿还进展数据，从 2014 年到 2021 年 10 月，总共 1 002 只违约债券中仅有 140 笔兑付记录，涉及 90 只违约债券、61 家违约主体，共回收本息合计 485.91 亿元，仅占总违约余额的 5.41%。从每年兑付总额 / 每年违约总额的比值看，2015 年以后各年的兑付金额 / 违约金额均未能超过 20%，也展现出从总体上来看违约后的回收比例维持在一个较低水平。

影响债券违约处置效率的另一个重要因素就是处置周期。仅考虑有兑付记录的 90 只违约债券中，40 只违约债券的处置周期均超过一年，占比约为 50%，而其中 19 只违约债券的处置周期更是超过 3 年之久，从企业所有制性质来看，民企的平均处置周期高达 2.28 年，而央企整体上看则处置速度相对较快，但平均处理周期也要 1.02 年。

由表 6-1 可以直观看出，我国公募债券市场违约处置方式仍以破产诉讼为主，在已确定处置方式的 88 家违约发行人、共 234 期违约债券中，有 52 家违约发行人、168 期违约债券采取破产诉讼处置方式，违约规模达 1 728.01 亿元，占已确定处置方式违约债券规模的 76.07%。但从回收率水平来看，破产诉讼的回收率水平较低，仅为 0.13%，这可能受到违约发行人进入破产诉讼的程序复杂、回收期限长、回收的不确定性较高影响；而协商自筹资金与债务重组的回收率则较高，分别为 79.14% 和 35.08%。此外，求偿诉讼、第三方代偿两种违约处置方式的回收率水平也较高，回收率均在 96% 以上，但采取两种处置方式的违约发行人与违约债券期数并不多；而处置抵质押物违约处置方式的回收率为 10.12%，可能原因是抵质押物的变卖时间较长，尚未处置完成；未确定处置方式的违约债券回收率仅为 0。综合来看，违约债券总体回收率水平为 10.65%，仍有较大上升空间。

表6-1 我国公募债违约债券处置方式分布及回收情况

违约处置方式				违约发行人（家）	违约债券期数（期）	违约规模（亿元）	回收规模（亿元）	回收率（%）
已确定（或拟定）处置方式				88	234	2 271.54	267.38	14.84
无担保	司法诉讼	破产诉讼	破产重整	46	136	1 280.15	1.42	0.13
			破产清算	4	16	335.68	0.19	
			破产和解	2	16	112.18	0.00	
		违约后求偿诉讼		1	1	4.02	4.02	100.00
	非司法诉讼	协商自筹资金		17	23	160.74	106.13	79.14
		第三方代偿		3	3	20.22	19.48	96.34
		债务重组	延长兑付期限	8	15	174.53	99.87	35.08
			折价兑付	2	2	16.96	3.28	
			变更债券形式	1	3	31.85	31.85	
			拟货物偿付	1	2	15.83	0.00	
			豁免债务	1	1	11.49	0.00	
			场外兑付	1	1	4.00	0.50	
			其他方式债务重组	8	16	131.62	0.00	
	仲裁			—	—	—	—	—
有担保	担保方代偿			—	—	—	—	—
	处置抵质押物			2	3	11.76	1.19	10.12
未确定处置方式				31	89	707.71	0.00	0.00
合计				119	323	2 979.25	267.38	10.65

资料来源：联合资信 .

说明：①数据截至 2020 年 12 月 31 日，因私募债数据难以获取，此处采取公募债口径。②因同一发行人涉及的一期或多期违约债券可能采用不同违约处置方式进行回收，因此各违约处置方式涉及的发行人家数、违约债券期数和违约规模总和均大于实际违约发行人家数、实际违约债券期数和实际违约规模的合计值。③表中回收率统计已剔除无法得知回收数据的样本。

表 6-2 描述了违约债券回收期限分布情况。从不同处置方式来看回收期限，采用破产重整和债务重组方式的回收期限通常较长，为 3 个月甚至 1 年以上；协商自筹资金和第三方代偿等方式回收时间较短，更有 57.50 亿元的违约债券在 2020 年末时点前以小于 10 天的期限得到回收。相较协商自筹资金、第三方代偿方式，债务重组所选取的方式、延长的期限或减免的金额都由双方协商确定，并无明确规定；而债务重组方式程序复杂，这些因素均导致回收的不确定性提高、回收时间延长。

表6-2　违约债券回收期限分布情况

回收期限	违约债券期数（期）		违约规模（亿元）		涉及违约处置方式
	截至 2019 年末	截至 2020 年末	截至 2019 年末	截至 2020 年末	
<10 天	9	8	56.10	57.50	协商自筹资金 / 第三方代偿 / 债务重组
10 天～3 个月	4	4	24.34	24.34	协商自筹资金
3 个月～1 年	12	15	70.82	138.28	债务重组 / 求偿诉讼 / 协商自筹资金 / 第三方代偿
1 年及以上	9	37	86.93	407.19	债务重组 / 协商自筹资金

资料来源：联合资信 .

说明：①数据截至 2020 年 12 月 31 日。②因同一期违约债券可能涉及多次违约或多次偿付，因此各回收期限涉及的违约债券期数和违约规模总和均大于实际违约债券期数和实际违约规模的合计值。

整体而言，采用协商自筹资金方式偿还的违约债券回收时间较短，且回收率较高。债务重组则因债权人和债务人博弈，耗时和不确定性都相对较高。一旦进入破产诉讼程序，违约债券回收的希望将极其渺茫，回收时间也无限拉长。

从回收率来看，自主协商 > 破产重整或和解 > 破产清算。通过自主协商完成兑付的企业的回收率整体水平较高，但回收周期的长短则视企业的经营情况与兑付意愿而定。破产重整企业的普通债权人的平均回收率较自主协商低，进入破产清算的企业因为资质差，回收率往往更低。

二、影响信用债违约的因素分析

债券违约是债券市场的正常情况，通过合理的违约处置机制还能实现资源的优化配置。我国债券市场曾经长期存在的“刚性兑付”反而降低了债券市场的效率，使得一些“僵尸企业”无法出清，降低了资源配置效率，未来可能累积更大的风险。债券市场“正常”违约无需特别关注，但是债券违约如果可能引发系统性风险、损害经济增长效率就需要高度关注。自 2014 年我国“信用债违约潮”发生以来，学术界和业界应该重点关注那些非常规的、由特殊因素导致的我国信用债发生的违约。企业违约的原因大体上有三种：宏观经济和政策因素，包括宏观经济下行、融资环境收紧、监管加强以及行业政策变化等；企业微观因素，如企业自身经营或资质存在瑕疵、盲目投资激进推高债务杠杆、公司治理存在明显漏洞等；体制性和道德风险因素，如外部支持达不到预期、偿债意愿弱化等。

债券违约的宏观原因包括：企业整体经营效益不高、负债率过高，宏观杠杆率增长过快、过高；企业通过高负债不合理高速扩张导致一些产业产能过剩；防范金融风险采用的降杠杆和严监管政策。我国前些年经济高速增长与金融创新活跃、金融监管不严并存的宏观经济和金融市场环境，鼓励了企业采用高杠杆的激进发展战略。2012 年以后我国经济增长进入新常态，GDP 年增速步入整体波动下行的态势。高杠杆、低效益的发债主体必定会遇到巨大的还债压力。数据表明，A 股上市公司债务扩张速度相较营业收入和净利润均存在过快倾向。[①] 2011—2019 年全 A 股上市公司有息债务平均增速高达 30.5%，同期营业收入增速仅为 19.5%。年均净利润增速仅为 0.2%，同期有息债务年均增速高达 30.5%，财务费用年均增速约为 16.2%，债务及财务费用增长速度持续高于营业收入和净利润增长速度。从上述数据也可以看出，由于资金回报率低于融资成本，一些发债企业可能发新债还旧债（本金和利息），很难持续。特别是 2017 年以后，为了维护金融体系健康发展，防范系统性金融风险，政府采取了一系列降杠杆措施并加强了金融监管。一些发行人由于经营状况陷入困境，信用环境收紧，发行人难以通过再融资偿还旧债，其流动性不足就容易造成已发行的债券违约。违约发生起因一般都是违约主体前期投资过猛，疯狂加杠杆，后期叠加产能过剩，行业出清导致盈利大幅下降，出现了严重的经营恶化。

从发债企业微观角度看，信息不对称问题以及债券违约后对投资者利益保护不力是引发债券违约的两个核心问题。目前我国债券存续期信息披露质量不高，评级机构的评级结果虚高，评级调整滞后，一个时期内债券市场上隐性担保、刚性兑付盛行。上述种种因素造成债券发行中的信息不对称问题比较严重，客观上导致相当大比例的虚高信用评级（实质上是低等级）债券发行，这也造成了近几年债券违约集中爆发。完善的违约处置机制可以从法律的角度加强对发行人道德风险行为的遏制。当前我国在债券违约处置方面存在的问题有：违约债券流动性弱，承销商处置能力有限、处置经验不足；违约债券诉讼处置流程长、执行效率低，违约债券回收率低；司法机关对违约债券的案件处理经验不足，影响审判效率；等等。处置机制不完善，导致无法对违约主体的道德风险行为形成有效约束，部分违约债券存在欺

① 林采宜．上市公司信用债会爆雷吗？新浪财经，2021-03-05；Wind；CCEF 研究．

诈发行和逃废债嫌疑等问题。

另外，债券违约还有所有债券违约的共性原因：经营不善，盈利恶化；投资激进，回报低于融资成本；融资结构不合理，短期债务比例过高；股权结构不合理引发的股权纠纷导致公司陷入困境，公司治理存在缺陷，内控薄弱，报表质量存疑，实控人侵占公司利益，公司高管变动频繁等。

三、债券违约的特征事实

从时间维度看，自 2014 年“11 超日债”违约以来，我国历史上共经历了几波“信用债违约潮”。“违约潮”爆发说明债券违约具有集中性和系统性特征，上述第二部分的原因分析，即宏观经济增速下行和政策收紧，可以很好地解释“违约潮”的发生。

（1）2014 年 3 月—2015 年下半年，违约集中在新能源行业，比如光伏行业的“超日债”等。“违约潮”爆发的背景是新能源行业通过举债大规模扩张产能，而对新能源行业补贴取消和海外对中国光伏企业“反倾销、反补贴”的调查申诉，让这些企业陷入经营困境。

（2）2015 年 11 月—2016 年，违约集中在产能过剩行业，以国有煤炭钢铁企业为主。这波“违约潮”的背景原因在于中央开始实施“去杠杆，去产能”政策，大面积亏损的产能过剩行业中自身禀赋弱、债务压力大、社会负担重的主体陷入财务困境。

（3）2017—2018 年，违约主体为大量的民营企业，不再局限于某一行业。2017 年五洋债券违约，被判定为我国首例债市欺诈发行案例。2018 年金融去杠杆政策出台，低信用等级民企普遍遭遇融资难问题，资金链紧张，加之偿债高峰的来临进一步加剧了信用风险的爆发，前期疯狂加杠杆、扩规模或者无序多元化主体开始暴露风险，信用债市场迎来了大规模的民企违约潮。

（4）2019—2020年，2019年民企违约仍不少，但总体呈现前高后低，逐渐缓解。债券违约中暴露出来的财务造假问题令市场震惊，比如康得新存贷双高式的报表造假。民企的扎堆暴雷以及造假等事件使得市场更加偏好国企债券，在一定程度上对国企的信用风险筛选不足，一些低资质主体反而得到了较充裕的资金供给，导致了国企债券风险的积聚。2019年AAA地方大国企盐湖股份的债务违约以及随后的北大方正和清华紫光的违约，冲击了债券市场的国企“刚兑信仰”。2020年初的海航违约给债券市场造成了巨大冲击，海航是典型的高杠杆支撑快速扩张，由于经营不善、经济下行和政策收紧导致的债务困境。不同于2018—2019年信用债违约主体主要为民企，2020年违约企业属性遍布民企、国企、公众企业、外企和中外合资企业。特别是，2020年新增违约主体已开始在国企之间传导，天津房地产集团、紫光集团等国企首次出现债务违约。有“逃废债”嫌疑的华晨汽车债券违约以及永煤的超预期违约，给债券市场造成了恐慌。2020年叠加疫情影响，债券市场信用分层愈演愈烈。煤炭企业、相关地方弱资质国企、城投企业的融资受到沉重打击。

2021年上半年我国公募债券市场整体违约率为0.35%，较2020年上半年违约率（0.29%）有所上升。地产行业受各类调控政策影响信用风险明显上升，监管部门和地方政府密集发布针对地产的调控政策（2020年8月出台了关于限制房企融资的“三道红线”政策），调控力度大、覆盖范围广。房地产行业违约由小型地方性企业向全国性大型企业蔓延，违约房企中恒大、泰禾、华夏幸福、蓝光发展均为大型房地产龙头企业。防范和化解地方政府隐性债务的政策［2021年银保监会颁布的《银行保险机构进一步做好地方政府隐性债务防范化解工作的指导意见》（银保监会〔2021〕15号文）］导致城投企业融资环境收紧，虽无实质性债券违约事件，但信用风险事件持续发生，引发了市场对弱资质城投债的担忧情绪。

历次违约潮呈现四大特征：（1）违约家数和违约金额不断攀升。（2）从产权属性来看，违约主体逐渐多元化，从民企波及国企，但民企仍占主导（见图 6–4）。2014 年违约企业仅包括民营企业，到了 2020 年违约企业属性遍布民企、国企、公众企业、外企和中外合资企业。总体来看，违约集中于民营企业，2014 年以来违约的民企共 138 家，占比 79.2%；国企 36 家，占比 20.7%。从金额来看，民企违约金额为 3 490.5 亿元，占比 65.7%；国有企业违约金额合计 1 853.0 亿元，占比 34.3%。2018 年以来，国企违约占比持续提升，2020 年 1—11 月违约国企数占比已达到 36.0%。（3）从评级来看，信用债违约主体发行时 AA 级占比最高，为 61.2%，AA 级及以上主体占比为 82.8%。（4）从行业分布来看，近年来违约行业从周期性、产能过剩行业到可选、必选消费行业再到全面分散化行业。违约较为集中的行业包括综合、商业贸易、采掘等。

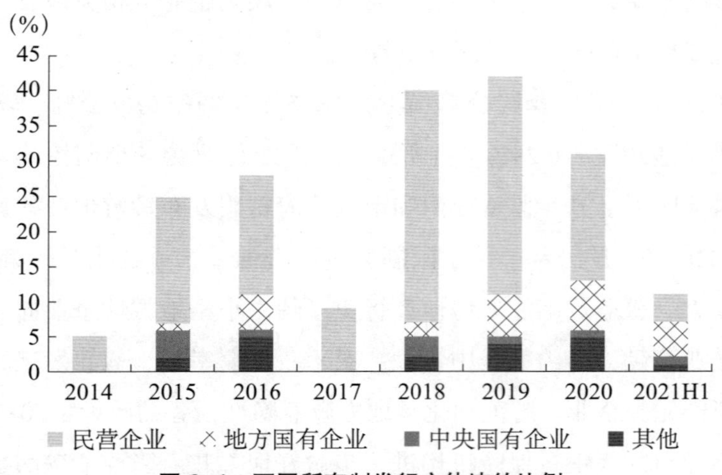

图 6–4　不同所有制发行主体违约比例

说明：2021H1 表示 2021 年上半年。

四、解决债券违约问题的对策和建议

首先，如果债券违约问题不演变为系统性风险问题，中央银行要稳健实施逆周期的宏观审慎货币政策，监管机构出台政策要全面考虑对监管对象所在行业的整体影响，特别是要考虑各项政策的合力效应，避免多项监管政策叠加效应产生过度紧缩效果；产业政策要精准施策，避免笼统、"一刀切"的政策影响面过大而伤及无辜的企业；破产政策上，对于那些没有偿债能力、欠缺偿债责任的企业，应坚持市场出清政策，予以淘汰。

其次，规范和强化举债的其他相关主体责任。对于主承销商（及相关的律师事务所和会计师事务所），压实其责任，保证其在承销过程中的客观中立、尽调尽责，对于承销商的不正当竞争行为，特别是造假和欺诈发行等违法行为给予严惩，承担连带赔偿责任。对于评级机构，建议更多引入投资者付费方式，以增强信用评级机构的独立性和公正性；建立平滑且能够有效跟踪企业信用风险的评级体系，加强评级方法体系的建设，提升信用评级行业风险预警和风险揭示能力，提升评级质量和区分度。

再次，严厉打击发行人恶意失信行为，维护市场信用体系。"逃废债"行为会冲击市场信用体系。对于有偿债能力、恶意逃避债务的企业，应严厉打击。具体可以采取四方面措施：一是健全债务人黑名单和倒追索机制，要求恶意失信企业的出资人及公司决策层承担相应责任；二是明文规定隐瞒信息、篡改信息、转出资产等属恶意失信行为；三是完善破产清偿制度，提高违约者的失信成本；四是加强对新闻媒体等的舆情监督。

最后，全方位健全债券违约处置机制。提高违约债券处置效率，积极防止风险外溢和传染，将有助于债券市场平稳发展，也会加强对发行人的事前约束。借鉴发达国家在违约债券处置和投资者保护方面的经验：(1)在事前防范风险方面，有完善的投资者保护性条款、违约处置方式与投资者分类指引。(2)在事中风险控制方面，有健全的信息披露与风险监控信息共享制度。(3)在事后违约处置方面，进行了引入秃鹫基金和CDS、偿债保障基金构建等机制创新。基于此，提出以下具体建议：(1)在限制性条款设计方面，建议出台标准化的债券合约中的限制性条款，分为必选项和选择项让债券发行人对选择项进行选择。(2)建议建立适合我国的私募高收益债发行与高收益债投资者保护制度。根据风险暴露大小对债券进行科学分类，建议分成抵押担保债、高等级债和高收益债三类，对投资不同种类债券的机构资格做出相应的规定，在违约处置方式选择和投资者分类方面形成明晰的指引性文件，并通过司法手段对各利益相关方的合法权益进行保护。同时，对处置时间做出硬性规定，超过规定期限，有相应的处罚措施。(3)建议考虑在现阶段允许AMC进入违约债券市场进行投资并发挥重要作用，在风险可控的条件下，逐步引入和发展秃鹫基金等投资者类型，构建统一的转让交易场所，引导不同市场主体参与违约债券转让交易。建议批准设立一些专门投资于高收益债券和违约债券的私募基金，放松对这类私募基金的规模和标准的限制，由这类特殊基金执行秃鹫基金的使命，协助企业重整，完成违约债券的后续处置工作。(4)建议大力发展CDS和CRM市场，提供债券市场信用风险对冲的工具，提高市场的流动性水平，并探讨银行是否可以作为具有信息优势的卖方提供相关信用风险衍生品。(5)探讨建立偿债保障基金模式，将违约风险提前释放。同时，培育专业的偿债基金投资管理团队，保障资金的保值和增值效果。(6)建议鼓励和培育专业的债券违约处置机构的发展。鼓励专业的律师团队参与违约债券处置；建议规定债券发行人的承销商作为债券受托管理人全程参与债券的发行和违约处置，明确债券投资过程中受托管理人的责任和义务，特别是在违约处置中作为债券投资者利益代表全程参与。（7）建议成立全国性的违约、破产处置法院，一方面防止地方政府在司法裁决上的地方保护主义，另一方面债权人可以对侵犯自身利益的行为进行上诉并由破产法院进行最终裁决。（8）建议成立中央层面的债券违约处置委员会，对全国债券违约中遇到的牵涉面广的重大问题进行处理。（9）建议监管机构提高容忍度。除非公司风控制度和治理制度存在问题，对于基金公司投资的债券出现评级下调而不符合监管规定的，视情况适当免除追究和处罚，考核基金投资组合的整体风险状况，容忍个别债券评级低于监管标准。

第七章
国债税收问题及优化建议

我国债券市场的税收制度相对复杂，从投资者、利息和资本利得、券种、税种（所得税和增值税）四个维度确定了不同的税收政策。其中，对债券市场影响最大的税收制度就是对政府债券的利息收入免征所得税和增值税（以下简称“利息收入免税”），而对其资本利得不免税；对公募基金的债券投资收入全部免税。债券市场的税收制度影响了国债二级市场的流动性，也干扰了各类债券之间的正常定价关系，进而影响到国债收益率曲线在经济金融领域的广泛运用，降低了金融市场价格机制的信息传递效率。从国债交易的税收制度入手，消除不合理的税收制度对于流动性和定价的干扰，对于发挥国债收益率曲线的定价基准作用、提高金融市场价格机制的信息质量和定价效率都十分必要。

一、国债的免税效应降低了国债的流动性

在发达的金融市场中，国债无信用风险以及流动性最强这两个特征使国债收益率曲线成为金融体系的基准利率。从我国来看，国债的流动性较政策性金融债弱，这与债券市场的税收制度安排有关。

国债利息收入免税使国债与政策性金融债（主要是国开债）形成了不合理的利差和隐含税率[①]，进而影响了金融机构的债券投资决策，使得国债与政策性金融债的投资者群体呈现差异化，最终结果是降低了国债的流动性，甚至使国债的流动性低于政策性金融债。

国债与政策性金融债在多方面具有相似的特征，例如没有信用风险、银行自营投资中基本上不占用资本、利息收入免征增值税等，国债的免税效应是二者形成利差的主要原因。从理论上看，由于国债的利息收入免征所得税，而政策性金融债的利息收入征收 25% 的所得税，国债收益率应该等于政策性金融债的税后收益率，即政策性金融债税前收益率的 75%。金融市场更习惯用隐含税率来衡量政策性金融债与国债的利差。从历史上看，国债相对于国开债的隐含税率在大多数时期没有达到理论上的 25%。

自 2018 年底以来，国债利率中枢下降，按摊余成本法估值的债券基金等投资者的增加带动了隐含税率中枢下降（见图 7-1），这意味着国债的收益率高于政策性金融债的税后收益率，其产生的根本原因是国债和政策性金融债利息收入所得税政策不同：我国国债的利息收入免税而资本利得不免税，商业银行购买国债并持有至到期可以获得最大的税收节约效应，主要出于配置目的投资税后收益率更高的政府债券并持有至到期，很少用于交易。在配置账户内的国债可以通过抵押等方式获得流动性，因而也无须交易。商业银行是我国债券市场的投资主体，其出于配置目的大量投资国债，其结果是国债的流动性更弱，同时国债的收益率也低于政策性金融债的税前收益率（但高于政策性金融债的税后收益率）。公募基金和境外机构等投资者因免税待遇而愿意购买税前收益率更高的政策性金融债，这些机构更倾向于交

① 隐含税率 =（1－国债收益率 / 国开债收益率）×100%。

易而非长期持有，所以政策性金融债的流动性比国债强，更强的流动性使得政策性金融债的税后收益率低于国债收益率。综上所述，国债利息免税使得国债与政策性金融债的投资者群体呈现差异化。目前，国债的投资者以商业银行为主，国债对于银行来说收益率更高，而在政策性金融债的投资者中，非法人产品占比较大，政策性金融债的收益率更高，流动性也更强。

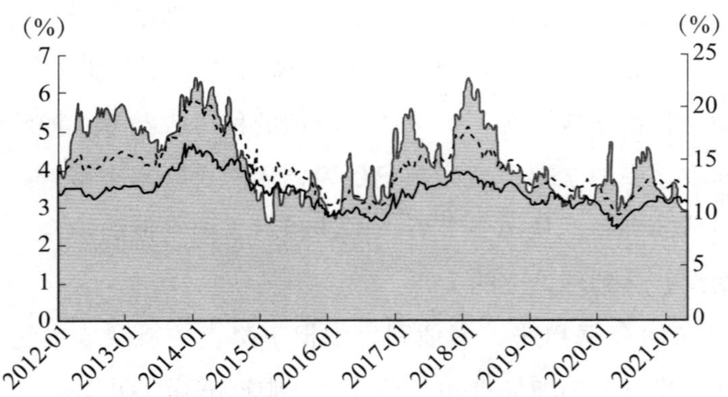

图 7-1　10 年期国开债、国债的收益率走势与隐含税率

资料来源：根据中央结算公司数据计算。

实际隐含税率显著低于理论税率可能与金融机构的考核机制有关。金融机构在投资决策中对于所得税因素考虑不足。例如，银行的综合经营成本计价和部门内部资金转移定价（FTP）不是按照税后收益考量，而是按照投资组合的税前收益率进行简单的加权平均计算，对于交易员的业绩考核也是将税前利润作为衡量指标。考核机制不完善会导致微观主体在进行投资交易时将税率因素排除在考量之外，过于青睐高利率的金融债，压低金融债与国债之间的隐含税率。

鉴于债券流动性衡量的难度和指标的多样性，比较不同债券的流动性应选择合适的流动性指标。从投资者的角度看，流动性的本质是迅速的变现能力以及价格的波动。笔者通过记账式国债和国开债最具代表性的换手率和交易价差来衡量其各自的流动性。换手率越高，说明交易越活跃、债券的流动性越好。债券变现的方式有两种，即在二级市场上卖出和回购交易。笔者将综合比较现券交易和回购交易的换手率。

由于国债和政策性金融债主要在银行间市场交易并在中央结算公司托管，笔者选取具有代表意义的中央结算公司的数据进行分析（见表 7-1）。从换手率来看，国债的流动性不及以国开债为主体的政策性金融债。

表7-1　2020年底国债和国开债的换手率

债券	托管量（万亿元）	现券交易量（万亿元）	回购交易量（万亿元）	现券换手率（%）	回购换手率（%）
记账式国债	19.44	45.93	302.91	2.36	15.58
国开债	9.77	56.39	204.94	5.77	20.98

资料来源：根据中央结算公司数据计算。

再来分析国债和国开债的交易价差。在交易额相同的条件下，某一个时段内的交易价差越大，说明债券的流动性越差。笔者将每个交易日的最高价（P_{max}）和最低价（P_{min}）的价差与当日交易额（单位为亿元）的比值作为流动性衡量指标。

$$流动性衡量指标=\frac{P_{max}-P_{min}}{当日交易额}$$

笔者选取 10 年期国债 170018.IB 和 10 年期国开债 170215.IB 这两个具有代表性的活跃券进行分析，并选取上述债券在 2018—2020 年的 535 个日交易数据进行计算。流动性衡量指标的描述性统计结果如表 7-2 所示。

表7-2 流动性衡量指标的描述性统计结果

债券	样本债券数量	均值	标准差	最小值	最大值
国债	535	0.006	0.022	0	0.333
国开债	535	0.004	0.007	0	0.066

由上述描述性统计结果可见，国债的均值（0.006）大于国开债的均值（0.004），二者相差的幅度为50%。国债的最大值（0.333）远大于国开债的最大值（0.066）。国债价差的标准差（0.022）大于国开债价差的标准差（0.007）。由图7-2可见，国债的每日交易价差整体上远超国开债。鉴于上述结果，再结合国开债换手率高的事实，可以得到明确的结论：以国开债为主体的政策性金融债的流动性大于国债的流动性。

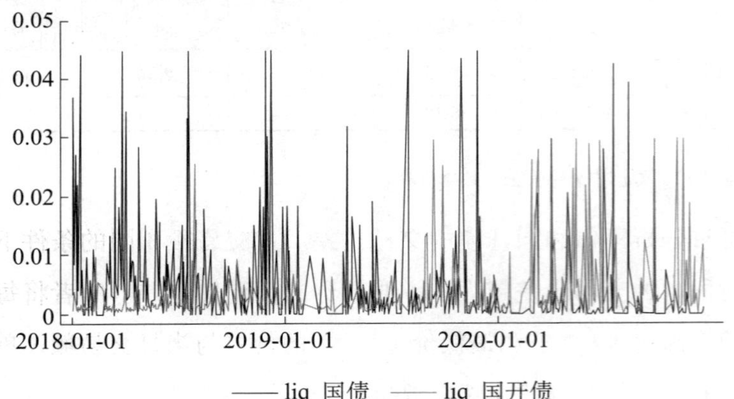

图7-2 国债和国开债的流动性衡量指标比较

资料来源：根据中央结算公司数据计算。

无论是从理论上还是从其他国家的实践来看，国债的流动性都应强于国开债，这是因为：第一，国债代表了政府信用，收益率真正代表了无风险利率，而国开债尽管是准主权债券，其信用等级毕竟略低于政府信用；第二，国债的发行量和存量都大于国开债；第三，国债跨交易所和银行间债券市场交易的效率更高；第四，我国已推出 2 年期、5 年期和 10 年期国债期货，几家商业银行和保险机构已参与国债期货市场试点，30 年期国债期货已蓄势待发。研究表明，推出国债期货有助于提高国债的流动性。

二、国债利息免税导致的价格扭曲

理论研究表明，非中性税收会产生替代效应，是指税收会改变课税对象的相对价格，进而改变纳税人的行为，即人们为了减轻税收负担而在可供替代的课税对象或经济行为之间进行转变。具有替代效应的非中性税收会产生税收套利扭曲效应，这是因为可替代（金融）产品之间的税收差异必然会改变无此税收（或税收无差异）时处于均衡状态的相对价格体系，降低市场的有效性，影响价格机制发挥作用，导致社会经济资源配置效率损失。我国债券市场的税收套利扭曲效应包括两方面：一是对国债利息收入免税但对资本利得征税，以及对公募基金等机构实行全方位免税政策导致的金融机构债券投资行为变化，最终导致国债的流动性较政策性金融债弱；二是对国债利息收入免税导致政府债券和其他债券的相对价格发生变化，进而导致价格扭曲。

由国债利息收入免税所产生的价格扭曲效应可以通过以下比较进行说明：一个是国债和国开债税后收益率的比较；另一个是新券和老券因税收差异所导致的价格扭曲。

（一）国债和国开债税后收益率的比较

国开债属于利率债，也是无风险债券，从金融机构（特别是商业银行）的角度看，投资国开债的监管要求与投资国债类似。国债的利息收入可免税，而国开债的利息收入（不包含享有特殊免税待遇的基金和境外机构）需缴纳25%的企业所得税。

由于政策性金融债与国债在各个维度上高度相似，如果不考虑流动性差异，从理论上说，国债和国开债的税后收益率应该相同。笔者按照发行日期相近（不超过5个工作日）的原则选取四组有代表性的国债和国开债10年期活跃券，比较其税后收益率，其中国开债的税后收益率按照票面利率的75%计算。通过对比每组国债和国开债的税后收益率可以发现，国债的收益率比同组内国开债的税后收益率要高，高出的区间为44BP～55.25BP（见表7-3）。

表7-3　发行日期相近的四组国债和国开债的税后收益率比较

国开债代码	国开债的发行日期	国开债的发行利率（%）	国开债的税后收益率（%）	国债代码	国债的发行日期	国债的发行利率（%）	国债发行利率与国开债税后收益率的差（%）
150210.IB	2015年4月7日	4.21	3.157 5	150005.IB	2015年4月8日	3.64	0.482 5
170215.IB	2017年8月22日	4.24	3.180 0	1700002.IB	2017年8月29日	3.62	0.440 0
190210.IB	2019年5月16日	3.65	2.737 5	190006.IB	2019年5月22日	3.29	0.552 5
200210.IB	2020年6月16日	3.09	2.317 5	2000003.IB	2020年6月23日	2.77	0.452 5

资料来源：根据中央结算公司数据计算。

笔者再将最近三年国债和国开债的税后收益率进行比较。其中，收益率选取的是二级市场公布的月度债券到期收益率数据[①]，10年期国开债的税后收益率近似等于到期收益率的75%。由图7-3可见，10年期国债的到期收益率始终高于10年期国开债的税后到期收益率，二者之差为10BP～50BP。国债收益率较国开债税后收益率高的一个主

① 到期收益率的月度数据可通过对到期收益率的日度数据进行简单的算术平均得到。

要原因是国开债的流动性更强，国债收益率中包含了流动性溢价。国开债的流动性较国债流动性强的主要原因是二者税收待遇存在差异。

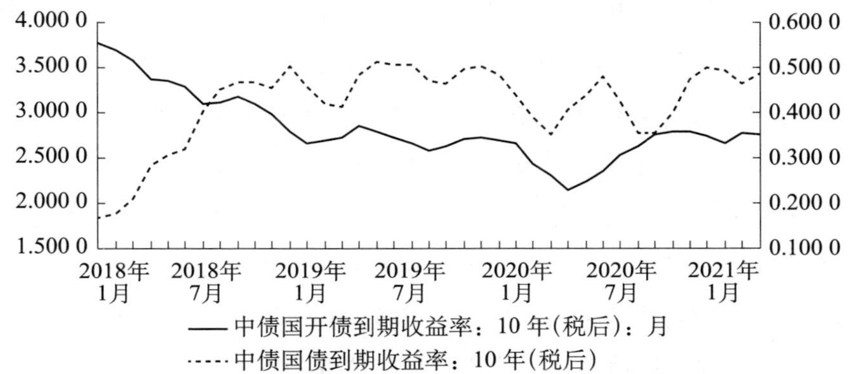

图 7-3　10 年期国开债税后到期收益率与 10 年期国债到期收益率之差的历史走势图

资料来源：根据中央结算公司数据计算。

笔者通过进一步分析发现，10 年期国开债与相同期限国债月均收益率的利差与 10 年期国开债收益率走势基本相符，二者的相关性达到 0.847，且明显高于 10 年期国开债与相同期限国债月均收益率的利差与 10 年期国债收益率的相关性。这主要是因为国开债的交易属性更强、流动性更好，而国债的配置属性更强、流动性更弱。当债券市场处于牛市时，国开债被追买，导致二者利差变小；当债券市场处于熊市时，国开债被抛售，导致二者利差变大。

（二）对新券和老券因税收差异所导致的价格扭曲

假设两个不同期限国债的剩余期限相同，但由于发行时间不同导致票面利率不同，且由于利息收入免税和资本利得征税而出现了价格扭曲。

笔者假设存在两种国债，分别称作新券和老券，其中新券是指刚刚在一级市场发行认购并将被持有至到期的国债现券，老券是指在国债二级市场交易得到的国债现券。新券的起息时间、付息频率和到期日等要素与老券相同，但由于二者发行日期不同、发行时的金融市场利率水平不同，二者的票面利率不同。根据金融市场的一价定律，新券和老券的税后到期收益率应该相同（假设不考虑流动性差异）。下面通过虚拟案例说明因税收差异所产生的价格扭曲效应。

假设新券和老券的票面价格均为 100 元，二者在税收政策上有以下三种情形：一是对利息收入免税，对资本利得征税；二是对利息收入和资本利得都免税；三是对利息收入和资本利得都征税。上述三种情形分别对应表 7-4 中的情形一、情形二和情形三。假设 A 代表票面利率，B 代表按照债券定价公式计算的债券全价（不考虑税收因素），C 代表折溢价，D 代表利息收入，E 代表利息收入征税额，F 代表资本利得征税额，G 代表持有一年后获得的现金流，H 代表实际回报率，I 代表投资者为达到新的实际回报率所愿意支付的全价（市场观察到的收益率），J 代表投资者购买时要求的收益率，则各变量之间的关系为：$C=100-B$，$D=100\times A$，$E=D\times 0.25$，$F=C\times 0.25$，$H=(G-B)/B$，$G=100+D-E-F$。

由情形一可见，在当前市场利率水平决定的到期收益率为 5% 的情况下，票面利率为 3% 的老券现价应为 98.095 2 元。由于对资本利得征税，投资者要为老券缴纳 0.476 2 元的资本利得税，则实际收益率只能达到 4.51%。根据一价定律，投资者往往要求更低的现值以获得与新券同样的实际回报率（5%），案例中经过反推是以 97.5 元的现值[①]要求买入，则能实现 5.64% 的税前收益率，在缴纳资本利得税之后的收益率恰为 5%，但出现了现券的价格扭曲。而由情形二、情形三可见，在 98.095 2 元的现券价格下，情形二的新券和老券的到期收

① 实际上 97.5 元的最终价格是按照实际回报率 5% 反推得到的，计算过程如下：假设最终价格为 x，则有 $[100+3-(100-x)\times 0.25-x]/x=5\%$，解上述一元方程可得 $x=97.5$。

益率能一直保持在5%；情形三则因双重征税从而使到期收益率稳定保持在3.75%。故虽然存在因为税收制度安排的差异而产生绝对收益率不一致现象，但是各组内部能保持新券与老券的到期收益率一致，不存在价格扭曲情况。

表7–4　新券和老券在不同税制下的收益率表现

情形	债券	票面利率（%）	按照债券定价公式计算的债券全价（不考虑税收因素，元）	折溢价（元）	利息收（元）	利息收入征税额（元）	资本利得征税额（元）	持有一年后获得的现金流（元）	实际回报率（%）	投资人为达到新的实际回报率所愿意支付的全价（元）	投资者购买时要求的收益率（%）
情形一	新券	5	100	0	5	0	0	105	5.00		
	老券	3	98.095 2	1.904 8	3	0	0.476 2	102.52	4.51	97.50	5.64
情形二	新券	5	100	0	5	0	0	105	5.00		
	老券	3	98.095 2	1.904 8	3	0	0	103	5.00		
情形三	新券	5	100	0	5	1.25	0	103.75	3.75		
	老券	3	98.095 2	1.904 8	3	0.75	0.476 2	101.77	3.75		

现实中观察到的情况则更为复杂，由于对国债利息收入免税、对资本利得征税，且不同类型投资者适用的税率不同，如基金和海外投资者的资本利得免税，且相同类型投资者持有的代偿期相同但发行期限不同现券的资本利得税额也存在差异，使得资本利得的实际综合税率低于理论上的25%，且在15%～25%的范围。由于微观层面不能确定一个统一的资本利得纳税额度，因此老券的实际收益率曲线难以统计，其税前收益可得但税后收益不可得。实务中，各机构在编制国债收益率曲线时经常会受税收制度的影响而只选取新券来编制收益率曲线，但这又引发了新的问题，即由于只采用新券来编制，不能及时反映国债二级市场的资金价格变化，在交易量不足的情况下又会人为降低样本大小，使得价格信号的作用更不能得到充分发挥。

从以往的经验看，由于银行内部资金转移定价考核税后成本，且因为国债税后收益率曲线不可得，因此难以为银行内部资金转移定价提供指导。实际上，银行内部资金转移定价更多的是参考国开债的收益率曲线，国开债利息和资本利得双征税政策为考核税后成本的机构提供了很好的回报率参考。

现实情况是：国债到期收益率受到票面利率的影响很大。如果观察图 7-4 中国债个券的到期收益率就会发现，其分布错落不齐。一些国债的剩余期限相近，但到期收益率差异很大。而国开债收益率分布则更接近一条平滑曲线。这主要是因为国债票面利率不同使得免税效应不同。对于票面利率较高的国债，投资者可以获得更大的免税效应，因此会接受更低的到期收益率，反之亦然。

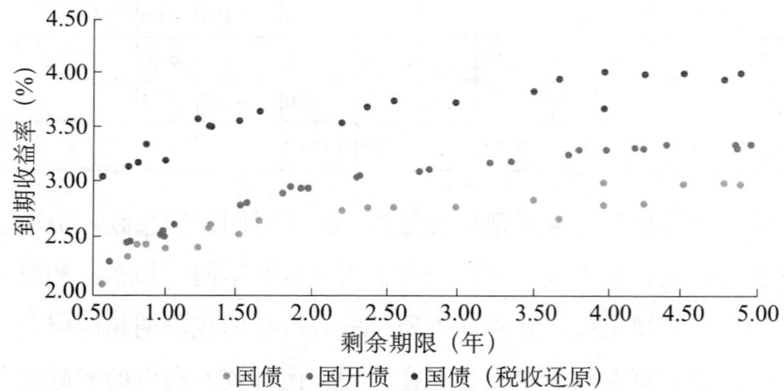

图 7-4　2021 年 4 月 27 日下午有成交的 0.5~5 年期国债和国开债的成交价

资料来源：根据中央结算公司数据计算。

例如，国债 200005 与国债 150005 的剩余期限均为 3.95 年，但 4 月 27 日前者成交于 3.015%，而后者成交于 2.81%。对于公募基金等不需要考虑免税效应的投资者来说，后者的吸引力明显弱于前者。但对于需要考虑国债免税效应的投资者来说，由于国债 200005 的票面利率（1.99%）较低，估算税收还原收益率约为 3.68%；而国债

150005 的票面利率（3.64%）较高，估算税收还原收益率约为 4.02%，反而吸引力更大。

值得注意的是，货币基金和公募基金存在一定比例的现金配置力量，这使得免税型投资者成为 1 年期以内利率债的主要投资者。1 年期以内的政策性金融债与国债的利差较小，也使得期限相近、票面利率不同的国债之间的收益率差异较小。

三、税收制度如何影响金融机构债券的投资决策

对于商业银行来说，国债的税后收益率高于国开债的税后收益率，这种税收安排的结果是：商业银行特别是全国性商业银行主要购买国债（更准确地说是政府债券[①]）并在绝大多数情况下将其持有至到期，这压低了国债收益率；而公募基金和境外机构则倾向于投资收益率更高的政策性金融债，因其追求高收益且交易意愿更强，这使得政策性金融债的流动性更强。

全国性商业银行、城市商业银行主要投资国债，而农村商业银行、广义基金、保险公司、证券公司和境外机构更愿意投资政策性金融债。根据 2020 年末国债持有者结构数据，商业银行持有国债占比为 61%（其中全国性商业银行的占比为 43%），而其他金融机构持有的国债占比均不超过 10%。从 2020 年末政策性金融债的投资者结构来看，全国性商业银行的占比为 31%，广义基金的占比超过 31%，城市商业银行和农村商业银行的占比高达 27%，广义基金、城市商业银行和农村商业银行的交易倾向（主要是交易政策性金融债）较大，特别是城市商业银行和农村商业银行将国债和地方政府债券持有至到

① 基于相同理由，商业银行也倾向于投资地方政府债券，因为本章主要研究国债收益率曲线，故不讨论地方政府债券。

期，而主要将国开债用于交易。全国性商业银行2020年的现券交易规模与托管量的比值仅为1.12，远低于证券公司（83.97）、外资银行（15.89）、城市商业银行（15.43）和农村商业银行（5.59）。从2020年上半年商业银行的现券交易规模与托管量的比值来看，全国性商业银行最低。

由上述分析可见，由于我国对国债利息收入免税而对资本利得征税，金融机构特别是商业银行出于配置目的倾向于投资税后收益率更高的国债并持有至到期。交易账户的绩效考核指标主要是税前收益指标，所以金融机构的交易账户更愿意投资税前收益率更高的政策性金融债，特别是基金和境外机构由于享受全方位的税收优惠政策，更愿意购买收益率更高的政策性金融债并用于交易，这是政策性金融债流动性高于国债流动性的最主要原因。

由于公募基金投资债券具有税收优势，商业银行愿意通过公募基金的通道投资债券以达到节税的目的，还可通过定制一个公募基金或投资一个发起式基金间接投资债券，从而实现避税。近年来，通过这种委外业务的发展，商业银行的债券投资有向广义基金转移的趋势，进一步加剧了国债和金融债流动性的分化。这也是政策性金融债流动性好于国债的另一个重要原因。

四、国债利息收入免税的最终效果和相关国际经验比较

对国债利息收入免税的初衷是增强国债的吸引力，降低政府融资成本。但国债利息收入的免税效应会增加投资者需求，降低了国债的税前收益。从理论上看，经过风险调整后的国债税后收益与其他债券的收益应该相等，所以投资者并不会得到好处；而此项政策尽管降低了融资成本，但也减少了相应的税收收入，几乎也没有获得利益。国

债利息收入的免税政策对发行人和投资者都没有带来实质性的好处，却增大了上述税收扭曲效应。

换个角度思考，如果对国债利息收入免税确实提高了效率（有好处），其他国家通常来说也应采取类似做法。但是从全球来看，目前其他国家几乎没有对国债利息收入实行免税的，主要国家对国债利息收入和资本利得几乎都实行征税政策。其中，美国对国债利息收入和资本利得均征收联邦税。但是美国联邦政府对市政债的利息收入免征所得税，这是基于联邦体制下中央政府支持地方政府的理念。英国对居民企业投资者购买国债的税收政策从“双重不征税”演变为“双重征税”。

如果取消国债利息收入免税政策，可能在较大程度上使上述三方面的影响消失。第一，国债与政策性金融债以及其他非免税债券品种的利差将趋于收敛。考虑到商业银行等此前享受国债利息收入免税政策的投资者可能转为投资政策性金融债、商业银行债券等，在此情况下，国债收益率上行、其他品种收益率下行现象可能同时出现。票面利率越高，此前享受免税效应更多的国债个券面临的收益率上行压力更大。政策性金融债、商业银行债券等资本占用低的品种对商业银行更具吸引力，在此过程中，这些债券品种可能最直接受益。第二，随着国债与政策性金融债的税收政策趋同、利差收敛，二者将更具相似性，投资者结构可能更加趋同。国债市场上的非银行交易型机构占比可能增大，其流动性反而可能有一定的提升。第三，国债票面利率对到期收益率的影响将明显弱化，到期收益率将更多由剩余期限和流动性特征决定，构建国债收益率曲线的难度也将下降，曲线的准确性将得到提升。

五、优化国债税收问题的政策建议

笔者建议改革国债税收制度，增强国债流动性，消除国债利息收入免税对国债定价的扭曲效应，完善国债收益率曲线，发挥其利率基准作用。

具体来说，建议对国债利息收入和资本利得均征税。票面利率提高，实际利率下降，国债付息与利息税相抵后所支付的净利息将比免税时更少。此外，因国债与其他债券的税率相同，避免了税收干扰，既有利于降低成本，又有利于为其他金融工具定价提供参考，这对形成有普遍参考作用的收益率曲线有重要意义。同时，票面利率提高有利于吸引基金、海外机构等投资者参与。总之，恢复对国债利息收入征税至少有以下好处：一是对国债发行量没有影响；二是不会减少国家的财政收入；三是有利于资本市场正常发展；四是对编制税后收益率曲线有利；五是可与国际惯例保持一致。

第八章
债券市场对外开放的逻辑、历史和未来趋势

债券市场体系的两大核心功能是融资发行和投资交易。债券市场对外开放是资金和机构的“引进来”和“走出去”两个方面的双向开放，包括境外主体到境内发行债券和投资交易债券，以及境内主体去境外发行债券和投资交易债券。债券市场对外开放对经济增长和金融市场的健康发展发挥着重要作用：通过吸引国际资本投资中国市场为中国经济增长提供重要的外汇资金；国际投资者带来的竞争压力和对制度环境的需求可以促进国内债券市场质量提高；有利于推动人民币国际化进程和我国国际金融中心的建设，开放的债券市场是全球人民币市场的流动性中枢、风险管理中枢和定价中枢，可以为全球资本提供有效的人民币资产配置工具，有助于构建畅通的人民币国际流动机制，增强人民币支付、计价和投资储备等国际货币职能；国内投资者可以通过境外投资获得更高收益并通过国际多元化降低风险；提高人民币资金的使用效率以及融入低成本海外资金；等等。债券市场对外开放也可能产生负面影响：资金外流、金融市场波动加剧和汇率波动加大等风险。

一、债券市场对外开放的逻辑

我国债券市场对外开放历程与我国经济开放和人民币国际化的进程密切相关、相辅相成。综合考虑收益和成本，债券市场开放遵循的基本逻辑是：先资金“引进来”，后资金“走出去”；资金“引进来”中先国内机构去国外发债，后外国机构进入国内投资；资金“走出去”过程中先国外机构到境内融资，后国内机构到境外投资。资金“引进来”的过程，最早对外开放的是允许境内机构去国外发行外国债券，然后才开放境外机构进入国内债券市场投资交易，而且初期要对交易制度、交易额度和交易品种进行必要的监管限制，随着债券市场的发展和制度完善，再逐步放宽相关限制。二级市场开放初期，为了吸引境外投资者，通常对其投资给予优惠措施（如债券利息免税）。考虑到境外机构融资可能带来的资金外流、利率提高和金融市场波动加大等问题，对境外机构在国内市场发行债券需保持必要的谨慎态度。一级市场开放初期，要对发行主体资格、发行额度以及资金的用途（境外使用）加以限制，随后根据市场形势发展循序渐进、稳步推进。债券市场开放的最后一步才是最近放开境内机构去国外投资债券，且对后者在机构资格、投资额度等方面进行严格限制。

二、我国债券市场对外开放的进程回顾

截至 2021 年 11 月，我国债券市场对外开放大概经历了初期起步阶段、中期稳步推进阶段和全面开放阶段三个阶段。

（一）初期起步阶段（2000—2010 年）

2000 年，国家计委（现改组为国家发改委）与人民银行联合发布

《关于进一步加强对外发债管理意见的通知》，对外债的发行和管理出台了规范性文件，提出对对外发债实行审核批准制，境内机构发行外债的资格需要由国家计委会同人民银行和有关主管部门评审后报国务院批准。2002 年 11 月初，中国证券业监督委员会和中国人民银行联合颁布了《合格境外机构投资者境内证券投资管理暂行办法》，自此境外机构可以通过成为合格境外机构投资者（QFII）的方式参与交易所债券市场，拉开了中国债券市场对外开放的序幕。

2005 年中国人民银行批准泛亚基金和亚债中国基金通过结算代理模式进入银行间债券市场，这是中国银行间债券市场首次引入境外投资者。

2005 年 2 月，央行等四部门联合印发了《国际开发机构人民币债券发行管理暂行办法》，针对熊猫债的发行和市场管理做出了相应规定，包括发行准入条件、募集资金投向等方面。2005 年 10 月，国际金融公司和亚洲开发银行在我国发行了首笔人民币债券，这也标志着外国机构在我国境内市场发行的熊猫债券市场正式开启。但由于熊猫债发行可能造成国内资金外流的隐患，因此熊猫债面临的监管也非常严苛。

这一阶段受限于债市开放刚刚起步，很多针对境外机构的入市限制制约了境外机构在中国债券市场的参与度，例如，要求保险公司和证券公司经营业务年限达 30 年以上，监管部门对于 QFII 投资实行额度限制等。以上种种条件要求以及债券市场不完善导致在起步阶段境外机构在国内债券市场的参与度并不高，熊猫债市场规模也很有限。

（二）中期稳步推进阶段（2010—2017 年）

为适应境外机构投资境内债券的需要，2010 年 8 月，中国人民银行发布《关于境外人民币清算行等三类机构运用人民币投资银行间债券市场试点有关事宜的通知》（银发〔2010〕217 号），标志着我国债券市场正式对外开放，由此开启了境外投资者投资我国债券市场的“全球通”模式。[①]

2011 年，人民币合格境外机构投资者（RQFII）境内证券投资试点开启。试点机构可以参与银行间和交易所债券市场交易。2012 年 7 月，QFII 的投资范围也被拓宽至银行间债券市场。

2016 年 5 月，《境外机构投资者投资银行间债券市场备案管理实施细则》出台，银行间市场直接结算代理模式正式建立，境外机构投资者准入由审核制简化为备案制，同时对投资主体的限制也进行了松绑。

2015 年 9 月，国家发改委发布了《关于推进企业发行外债备案登记制管理改革的通知》，其中最为重要的举措便是将 1 年期以上的本外币外债发行由额度审批制改为备案登记制，这是企业外债发行的一项重要松绑。而 2016 年 6 月，国家外汇管理局发布《关于改革和规范资本项目结汇管理政策的通知》，企业可以自主选择外债资金的结汇时机。

（三）全面开放阶段（2017 年至今）

2016 年 2 月，中国人民银行发布的〔2016〕第 3 号公告允许各类金融机构投资银行间债券市场，开展债券现券交易以及基于套期保值需求的债券借贷、债券远期、远期利率协议、利率互换等交易，并取消额度限制。此外，境外央行、国际金融组织、主权财富基金这三类机构和境外人民币业务清算行、境外参加行还可开展债券回购交易。

① 境外投资者在中央结算公司开立实名账户，委托具备国际结算业务能力的银行间债券市场结算代理人进行债券交易和结算。

该公告丰富了合格境外投资者类型，进一步便利了境外投资者备案、入市，是中国债市开放的重要里程碑。中国债券市场由此步入全面开放阶段。

2017 年 7 月，香港“债券通”[①]落地，香港“债券通”中的“北向通”启动，为境外中小投资者补充了间接进入中国债券市场投资的途径。境外投资者得以通过内地和香港债券市场基础设施的连接“一点接入”参与银行间债券市场。

自 2019 年以来，银行间债券市场陆续推出一批灵活便利政策，债券市场对外开放进一步深化。2019 年国家外汇管理局取消 QFII/RQFII 投资额度限制，取消单家境外投资者额度备案和审批，取消 RQFII 试点国家和地区限制。2020 年证监会宣布允许 QFII/RQFII 参与交易所的债券回购。2020 年 11 月起，我国将 QFII 和 RQFII 的资格和制度规则合二为一，并进一步取消了原 QFII 资格申请中的资产规模要求。2020 年 5 月，中国人民银行和国家外汇管理局联合宣布取消 QFII 投资收益汇出时间和比例的限制，并在汇出操作上提供更大便利，这有助于进一步打消海外投资者对于资金“易进难出”的顾虑。2020 年 9 月，银行间债券市场直接投资下的直接投资交易（CIBM-Direct）开始试运行，境外投资者可以通过境外第三方电子交易平台进行交易。

2021 年 9 月 24 日，香港“债券通”中的“南向通”正式启动，境内机构投资境外债券市场又开辟了一条重要通道，我国债券市场双向开放再上新台阶。2021 年 10 月 27 日，国务院决定将对境外机构投资者投资境内债券获得的利息收入免征企业所得税和增值税政策延长至 2025 年末。

① 香港“债券通”是对“全球通”模式的补充，投资者以境外中小商业类机构为主，通过香港金融管理局旗下的债务工具中央结算系统（CMU）间接进入。

三、债券市场对外开放取得的成绩

根据债券市场开放逻辑，政府对资金“走出去”（境外投资者在境内发行债券融资以及本国投资者去境外投资）采取更谨慎的监管态度，而对资金“引进来”（境外投资者来本国投资以及本国机构去境外发债）则采取鼓励态度。无论是前述债券市场开放历程中各种政策出台，还是目前债券市场开放取得的成果，都鲜明地体现了这种逻辑。

1. 境外机构国内发行人民币债券

自 2005 年国际开发机构首次发行熊猫债以来，熊猫债市场整体发展平缓。熊猫债的发行人包括纯境外机构和中资红筹企业，前者参与度较低，占比不到 50%。2015 年以后监管政策逐步放松，熊猫债市场发展才开始加速，特别是 2016 年交易所红筹房地产企业的快速放量推动了熊猫债市场的短期扩容，其后随着对房地产融资的限制，该市场发展又趋于平稳。熊猫债的年发行规模从 2005 年的 20 亿元到 2021 年的 1 000 亿元左右，17 年间发行规模扩大了近 49 倍。截至 2021 年 6 月末，熊猫债市场累计发行量达到 4 929 亿元，存量约为 2 553 亿元。熊猫债市场发展速度受制于供需两方面原因：发行主体仍以中资红筹企业为主，纯境外机构参与度不高，大部分熊猫债还不是真正意义上的外国债券；投资者范围较有限，以中国境内的银行和保险公司为主，公募和私募基金等机构的参与度低，多数投资者持有债券至到期，导致熊猫债流动性不足。

2. 国内机构投资境外债券

目前，机构投资者投资境外债券的途径有三种：收益互换，QDII/RQDII 和“南向通”。但 QDII/RQDII 面临一定的通道成本或者管理费，变相降低了投资收益，因此 QDII/RQDII 推出后发展不快。“南向通”模式的可投资范围仅限于香港市场交易的债券，跨境资金流出每日额度上限为200亿元等值人民币，年度总额度上限为5 000亿元等值人民币。由此可见，国内机构投资境外债券处于起步阶段，未来还有很长的路要走。

3. 境内机构离岸债券发行

我国境内机构的离岸债券发行主要包括中资外币债券发行和离岸人民币债券发行两大类。截至2021年10月底，中资外币债券市场总规模为9 256.2亿美元，包括美元、欧元、港币以及新加坡元等多个币种。其中，中资美元债券占比超过九成，占据绝对主导地位。内地房企和城投企业是中资美元债主体，这是近几年对限制房地产和城投企业国内融资的一种应对反应。

2007年首只离岸人民币债券在香港发行（称为“点心债”）。截至2021年10月底，离岸人民币债券总规模约为4 030亿元人民币。离岸市场也扩展至新加坡和中国台湾，境外机构也参与到了离岸人民币债券的发行当中。因此，离岸人民币债券市场与熊猫债市场具有一定程度的替代关系。目前，香港仍是离岸人民币债券市场的绝对主体。

4. 境外机构投资国内债券市场

境外机构投资国内债券市场是债券市场开放中成效最显著的领域。目前境外投资者主要通过三种渠道进入中国债券市场：QFII/RQFII投资银行间债券市场和交易所市场、银行间市场直接投资和通过“北向通”投资银行间市场。[①] 自2010年三类机构获准入市以来，特别是自2017年债券通正式开通以来，境外投资者投资中国债券市场的速度明显加快。每年外资流入中国债券市场规模已从2015年的470亿元人民币增加到2020年的1.073万亿元人民币，2021年前9个月共流入6 040亿元人民币。截至2021年9月末，境外机构持有的银行间债券规模达到3.94万亿元，外资占中国债券市场余额的比例也

① 境外投资者还可以通过离岸市场渠道（自贸区和澳门MOX）投资中国银行间债券市场，但比重很小。

升至3.15%（见图8-1），4年间年均增速超过40%。央行公布的最新数据显示，截至2021年9月末，境外机构和个人持有境内人民币债券3.94万亿元，较2020年12月末的3.34万亿元增幅达18%。

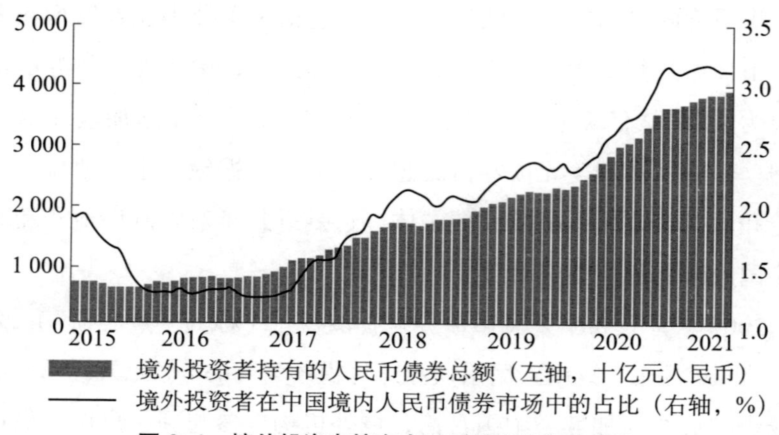

图8-1 境外投资者持有人民币债券总额和占比

资料来源：德意志银行，Wind.

近年来外资之所以快速、持续增持境内人民币债券，主要有以下几个方面原因：一是中国债券市场已被全球三大主要指数悉数纳入，带动指数化策略的境外投资者加大对中国利率债的配置比例；二是中国债券市场的走势与发达国家债券市场走势的相关性比较低，是外资分散化投资的理想标的，这与中国货币政策的独立性有关；三是近年来人民币升值趋势明显，进一步增强了人民币资产对境外投资者的吸引力。

进入境内人民币债券市场参与交易的境外机构主要有央行类机构、主权财富基金、养老金机构、保险机构、境外对冲基金、高收益基金、外资与中资的海外分支机构等。境外参与机构由境外主权机构扩展到境外基金和养老金机构等。投资债券品种从国债、政策性金融债扩展至地方政府债、信用债、ABS和同业存单。

随着我国债券市场对外开放不断深入，中国债券市场在国际上被认可的程度也在进一步提高。2019 年 4 月，人民币计价的中国国债和政策性银行债开始被纳入彭博巴克莱全球综合债券指数（BBGA）。2020 年 2 月，中国政府债券被纳入摩根大通全球新兴市场政府债券指数（GBI-EM）。自 2021 年 10 月 29 日起，中国国债将在未来 36 个月内被分批纳入富时罗素世界国债（WGBI）指数，其权重在 2024 年 9 月完全被纳入后预计将达 5.25% 左右。中国债券市场已被全球三大主要指数悉数纳入，标志着我国债券市场对外开放进入了一个更高层次阶段。

四、中国债券市场对外开放的未来趋势和亟待解决的问题

尽管中国债券市场对外开放成绩斐然，但目前仍存在三方面突出问题：

一是整体而言外资对中国债券明显配置过低，与我国经济规模在全球占比（18.5%）以及世界第二大债券市场规模的地位不匹配，与人民币国际化的要求也有相当大距离。当前，境外投资者持有人民币债券占中国债券市场份额为 3.15%，远低于新兴国家的境外机构持有率（10%～30%）。截至 2021 年 6 月，海外央行持有人民币债券总规模为 3 119 亿美元，占全球储备的 2.6%（在主要投资交易货币中排名第五），该份额远低于人民币在 SDR 中 12.28% 的权重。由于我国债券市场收益相对优势明显（目前中美 10 年期国债利差超过 100BP，2020 年中收益率低于 0.5% 的发达国家国债超过 33 万亿美元），中外债券市场相关性低给国际机构投资组合增加了多元化效应，债券市场和人民币汇率波动性小以及中国债券市场未来发展潜力巨大，因此，

中国债券市场的对外开放仍然有广阔空间。

二是境外投资者持有人民币债券结构单一。境外投资者在中国债券市场的主要投资品种是政府债券和政金债，即没有信用风险的利率债，还有少量的银行同业存单，对信用类债券投资比例很低。截至2021年6月末，境外机构的主要托管券种是国债，托管量为2.13万亿元，占境外机构持有人民币债券比重为57%；其次是政策性金融债，托管量为1.03万亿元，占比27.5%。其他的同业存单、地方政府债券、ABS和信用债比重很低。造成这种结果的根本原因在于境外投资者面临着更严重的信息不对称问题。我国债券市场信息披露质量不高、规范度和透明度不足、债券市场相关法律不完善导致债券违约后对投资者利益保护不到位。境外机构主要投资国债和政金债等利率品种，加大了国内机构投资者投资利率债的竞争压力，国内银行被动增加了地方政府债券配置比重，扭曲了地方政府债券的定价，甚至加剧了地方政府债务风险。境外机构集中投资国债和政金债的结果是仅仅增加了我国利用资金总量，没有提高资金的运用效率。只有境外机构投资者购买信用债才有利于提高我国信用债市场定价效率，才能发挥外资优化资金使用效率，进而优化产业结构的作用。

三是对外债券投资增速相对较慢。根据国家外汇管理局的对外证券投资统计，2020年末我国对外债券投资余额为2 955亿美元，较之2018年末的2 279亿美元增长了29.7%，而境外机构同期持有国内债券的余额从2018年末的1.79万亿元人民币增长到2020年末的3.33万亿元，增长了86%。这一方面是由于我国资本项目没有完全放开以及境外债券市场相对于国内吸引力不够，另一方面也是我国对外开放的制度设计使然。但是我国经常项目近年来保持较大的顺差，如果对外投资（债券投资是重要的对外金融投资）增长速度受限，将会给国际收支平衡和币值稳定造成较大压力，也会阻碍中国居民财富进行全球资产配置。

五、加大债券市场对外开放的政策建议

为深化债券市场对外开放，亟待解决以下几个重点问题：

第一，加强对债券投资者的利益保护。完善债券市场信息披露制度、债券违约处置的相关法律制度，提高国内信用评级质量，大力推进会计准则与国际标准接轨，提高信用债券对境外投资者的吸引力。

第二，进一步发展我国利率、汇率和信用风险衍生工具市场，为境外机构管理人民币债券的利率风险、汇率风险和信用风险提供适当的金融工具。目前国债期货尚未对境外投资者开放，境外投资者只能通过卖出债券现货降低风险敞口，在债券市场波动加大时增加了资金大规模外流的可能性，加大了债券市场系统性风险。建议稳妥放开境外机构参与国债期货业务，方便其对利率风险进行对冲管理。

大力发展跨市场债券交易型开放式指数基金（ETF），加强与境外金融机构在价格产品领域的研发合作，尝试推动在中国香港、新加坡等重要的离岸人民币市场创设更多政府债券 ETF 产品，特别是地方政府债券的 ETF 产品。结合人民币国债纳入国际主要指数的大背景，研究推出跨境国债 ETF 实物申赎机制，支持在境外 / 离岸市场挂牌、底层债券登记托管于境内的国债 ETF 产品实行实物申购与赎回，进一步提升国债流动性水平，为境外投资者参与中国债券市场提供更多的高效渠道。

第三，为境外投资者提供基础的流动性管理工具。目前银行间债券市场回购仅允许境外央行类等三种机构参与。建议对境外商业机构逐步放开回购业务，满足其流动性管理和提高资金使用效率的需求。建议先放开逆回购，在控制杠杆的前提下再放开正回购，承认国际通用回购协议与国内回购主协议具有同等效力，便于境外机构开展回购操作。目前人民币债券尚未被纳入国际主流的担保品池，无法满足境

外机构人民币债券担保品跨境使用。要支持国内托管结算机构与国外金融基础设施和中介机构合作，探索打造创新型跨境担保品合作平台，加快推动人民币债券被纳入全球合格担保品池，促进国际市场上人民币债券流动性提升。

第四，完善金融基础设施、制度体系，提高交易效率，提高账户体系透明度，维护债券市场健康高效运行。“全球通”模式采取“中央确权＋结算代理”的制度安排，投资者实名直接持有债券，法律关系清晰，结算环节少、效率高，能够真实反映投资者债券和资金流转情况，能够实现穿透式监管；而香港“债券通”模式采取不透明的多级托管体系，投资者开立混同账户，法律关系不清晰，结算环节冗长，难以实现穿透式监管。建议在坚持穿透式监管、账户体系透明、法律关系明确的原则基础上，探索更多新型的跨境互联渠道和机制，加强与境外中央托管机构、境外托管行等机构互联合作，充分发挥各类结算代理行、托管行功能，实现债券市场跨境交易、托管结算的透明、准确和高效。

我国债券市场中的银行间市场和交易所市场在市场规则、管理制度、业务流程方面差异较大，三家登记托管机构共存，甚至导致同一券种（利率债）在发行登记、结算交易等环节的业务标准都不相同，提高了境外投资者参与我国境内债券市场投资的交易成本。政府债券虽然通过转托管机制实现了跨市场流通，但转托管效率低的问题愈加严重。同时，分割的基础设施构架也造成了市场数据分散、信息传递和采集的低效率等问题。

从国际经验看，绝大多数国家形成了“前台多元化、后台一体化”的单一中央托管机构安排。建议加快境内基础设施的统一，形成债券市场后台一体化格局，投资者能使用一个债券托管账户，同时参与交易所和银行间跨市场交易流通，降低因市场分割带来的规则障碍。在此基础上，持续加强与境外市场的交互联通，促进债券在托管、清算、结算、交易方面的跨境互联，推动人民币债券在境外交易所挂牌上市，实现债券市场内外联动、高效运行。

第五，大力发展信用债市场。信用债市场健康发展的核心基础是解决信息不对称问题。遵循的基本原则就是：事前信息披露准确完整，事中信息更新及时有效，事后违规重罚追责。

具体而言，健全信用债券信息披露机制，加快信用评级行业对外开放，推动国际评级机构进入国内债券市场开展评级业务。提升信息披露标准化水平。借鉴国际经验，形成发行前、发行后、存续期、重大事项等全生命周期信息披露硬约束规定。可根据现有的信息披露模板建立标准化英文信息服务机制，如面向境外投资者开展债券线上英文路演，或在关键节点向境外投资者推送英文版实时信息，提升债券市场信息透明度。还要加强投资者保护，在债券合约中参考国际惯例设定投资者保护条款、限制性条款和交叉违约条款等。

第六，推动债券市场双向开放的均衡发展。目前我国资金的“引进来”远远领先于资金的“走出去”。例如，QFII 和 RQFII 的投资额度已经放开，但 QDII 与 RQDII 仍有额度限制。这一方面不利于我国居民全球财富配置，无法分享其他国家的高质量发展行业的增长成果，另一方面不利于我国居民实现全球资产配置多元化降低风险的好处。经常项目和资本项目的双顺差也会导致人民币汇率单方向变化，造成汇率过度波动，影响金融市场和宏观经济稳定。因此，未来的债券市场开放应致力于从供需两个方面加强“熊猫债”市场的建设，鼓励纯境外机构发行“熊猫债”，并采取实质措施支持和鼓励债券通“南向通”发展，引入更多的实力雄厚的外资金融机构参股、控股和独资设立商业银行理财子公司、理财公司、证券公司、期货公司和基金公司等，为中国居民投资境外债券市场提供高质量服务。

第九章

中国债券市场信用评级

一、我国信用评级行业的发展历程

（一）信用评级的定义及起源

信用评级是债券市场中对发债主体及其所发行债券的信用风险进行衡量的最具综合性、代表性的评估指标，一般由信用评级机构给出。市场经济条件下专业分工的细化及发债主体和投资者间客观存在的信息不对称因素是孕育信用评级及信用评级行业的土壤。

信用风险是投资者投资信用债时面临的最大风险，即信用债无法按期足额还本付息的风险。投资者和发债主体间存在明显的信息不对称，因此在做出投资决策前，投资者往往会对发债主体和单只债券的信用风险进行详细评估，以获得单位风险下的最高回报。但信用债市场快速扩容，发债主体和债券数量与日俱增，投资者逐一进行信用甄别在实际操作上日益困难。在此背景下，专门从事发债主体及债券信用风险评估的信用评级机构应运而生，其评估结果即为信用评级。

信用评级机构对发债主体和单只债券的信用评级分别称为主体评级和债项评级。因同一发债主体发行的不同期次、不同种类债券的条款存在差异，如在偿付顺序、抵押、质押等方面均可能具有差异化安排，使主体评级未必与债项评级一致，因此，主体评级是反映发债主体信用风险的一项综合指标，与主体直接相关，而债项评级则在此基础上参考了上述差异化安排后对每只债券的偿付能力进行单独评价，与单只债券直接相关，更具针对性。

（二）信用评级行业的发展起步期

从全球范围看，美国是信用评级行业的起源地，早在19世纪中后期美国的信用评级行业即已初具规模。但受制于我国信用债市场的发展，我国信用评级行业至20世纪80年代末才发展起步，但发展势头更为迅猛，也更为曲折。

1988年，我国首家信用评级机构——上海远东资信评估有限公司成立，标志着我国信用评级行业开始发展。在发展起步期，我国评级机构大多隶属于央行在各地的分支机构系统，央行先后设立了20余家评级机构，各评级机构参考国外经验和国内实际开展了信用评级的有益探索，积攒了开展信用评级业务的宝贵经验。与此同时，与信用评级相关的地方性法规、行业内规章、机构内制度也一定程度上建立。

（三）信用评级行业的调整阵痛期

信用评级行业的发展起步期也不可避免地暴露出诸多乱象，不利于行业健康发展。特别是当时经济严重过热、物价持续上涨，央行于1989年9月发布《关于撤销人民银行设立的证券公司、信誉评级公司的通知》（银发〔1989〕272号），规定央行和专业银行设立的评级机构一律撤销，信用评级业务交由信誉评级委员会办理，标志着评级机构与央行脱钩，走向独立运营，但当时已设立信誉评级委员会的地区较少，信用评级行业的发展事实上趋于停滞，进入调整阵痛期。

一年后，央行于1990年8月发布《关于设立信誉评级委员会有关问题的通知》(银发〔1990〕211号)，对信誉评级委员会的管理机构、业务范围等方面进行了明确的规定，使信用评级行业进一步制度化、规范化。1992年12月，国务院发布《关于进一步加强证券市场宏观管理的通知》(国发〔1992〕68号)，明确了证券发行必须经过严格的信用评级程序，但由于各部门协调不力，信用评级行业持续处于调整阵痛期。在此期间，央行于1997年12月发布《关于中国诚信证券评估有限公司等机构从事企业债券信用评级业务资格的通知》(银发〔1997〕547号)，初步认可了大公国际资信评估有限公司等9家评级机构在全国范围内具有企业债的信用评级资格，信用评级行业因此面临洗牌，行业集中度有所提升。

(四)信用评级行业的发展成熟期

1997年召开的党的十五大提出要着重发展资本等生产要素市场，信用债市场的发展随之驶入快车道。在此期间，随着阻碍信用评级行业发展的体制机制障碍被逐步打破，加之部分龙头内资评级机构与外资评级机构巨头自世纪之交起长期开展各种形式的合作，信用评级行业在我国信用债市场中的作用日益重要。特别是2014年3月我国信用债市场正式打破长期以来的“刚性兑付”后，信用评级向投资者揭示信用风险、提供违约预警的重要性进一步凸显，推动我国信用评级行业持续快速扩容，加之评级监管制度的不断健全，行业发展日趋成熟。

时至今日，以中诚信国际信用评级有限责任公司(以下简称“中诚信国际”)、联合资信评估股份有限公司(以下简称“联合资信”)、上海新世纪资信评估投资服务有限公司(以下简称“上海新世纪”)、东方金诚国际信用评估有限公司(以下简称“东方金诚”)、中证鹏元资信评估股份有限公司(以下简称“中证鹏元”)、大公国际资信评估有限公司（以下简称“大公国际”）等6家“发行人付费”模式评级机构和中债资信评估有限责任公司（以下简称“中债资信”）1家“投资人付费”模式评级机构为主体的信用评级行业已在我国发展成熟。此外，随着监管准入政策的逐步放宽，标普、穆迪、惠誉等外资评级机构巨头也跃跃欲试，正积极谋求进入我国市场开展业务，分享我国信用评级行业快速扩容的成长红利。

二、我国信用评级行业的现状分析

（一）评级行业竞争格局持续优化

近年来，我国信用评级行业竞争格局持续优化，主要体现在以下三方面：

一是国内评级机构竞争秩序良好，各评级机构市场份额大体稳定。根据Wind资讯金融终端数据，2021年我国发行的全部12 281只企业债、公司债、中期票据、短期融资券（系我国信用债[①]中最主要的四个券种，也是学术研究中最常见的信用债研究对象，以下简称“主要券种”）中，在发行时拥有债项评级的债券共4 709只[②]，其中由中诚信国际、联合资信、上海新世纪、东方金诚、中证鹏元、大公国际等6家“发行人付费”模式评级机构进行评级的共4 655只[③]，占比高达98.85%，前三大评级机构市场占有率为74.13%（见图9-1），行业集中度较高，竞争格局良好。

① 此处指狭义的信用债，不含金融债。

② 在发行时拥有债项评级的债券占比较低（仅约38.34%），是因为按照2021年2月、3月相关政策修订，中期票据、短期融资券以及公开发行的公司债的发行不再以债项评级为前置条件，具体见下文。

③ 在这4 709只信用债中，并无由中债资信给出发行时债项评级的债券，是因为中债资信仅开展跟踪评级业务，不承接首次评级业务。

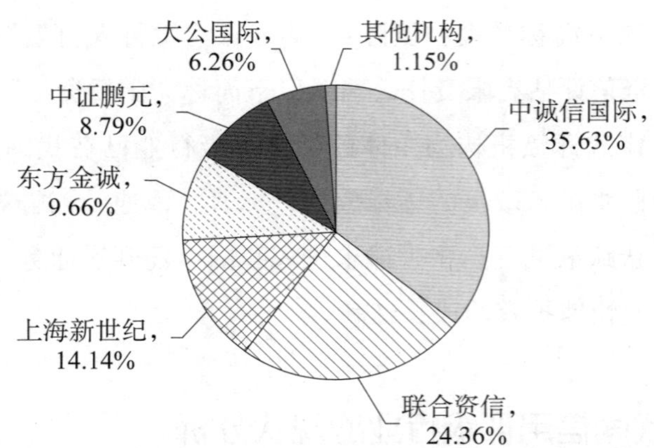

图 9-1　2021 年主要券种债券发行时债项评级的评级机构分布

资料来源：笔者根据 Wind 资讯金融终端整理。

二是外资评级机构有序入场参与竞争，为我国信用评级行业带来了新鲜血液。推动信用评级行业高水平对外开放，是我国信用债市场实现健康发展的关键一环。2017 年 7 月 1 日，央行发布了中国人民银行公告〔2017〕第 7 号，提出“境外评级机构开展银行间债券市场信用评级业务，应当向中国人民银行提交监管承诺函，并指定其在境内的分支机构配合监管”，实质上放开了长期以来对境外评级机构入局银行间债券市场开展业务的准入限制。2018 年 3 月 27 日，中国银行间市场交易商协会（以下简称“交易商协会”）同一日连发《银行间债券市场信用评级机构注册评价规则》《非金融企业债务融资工具信用评级机构自律公约》《非金融企业债务融资工具信用评级业务调查访谈工作规程》等 3 份文件，对境外评级机构申请注册所需文件进行了明确规定。

2019 年 1 月 28 日，央行营业管理部对标普信用评级（中国）有限公司完成了评级机构备案，标志着标普成为三家外资评级机构巨头中首家以独资公司方式进入我国信用评级行业的外资评级机构。2020 年 5 月 14 日，惠誉的独资公司——惠誉博华信用评级有限公司正式获准进入银行间债券市场开展部分品种的评级业务。此外，穆迪也早在 2018 年 6 月 15 日即成立了独资公司——穆迪（中国）信用评级有限公司，拟在我国开展金融机构债券、非金融企业债务融资工具、结构化产品和境外主体债券的评级业务，但尚未获批。

三是中债资信积极开展“投资人付费”评级业务，成为改善我国信用评级质量的中坚力量。历史上，我国评级机构普遍采用“发行人付费”评级模式，在此模式下，发债主体向评级机构支付评级费用，以获取评级结果。但长期以来，此模式固有的发债主体与评级机构间不可避免的利益冲突问题易造成“评级虚高”现象，因而亟待改革。2010 年 9 月 29 日，由交易商协会代表全体会员出资设立的中债资信正式成立，系我国首家亦是唯一一家采用“投资人付费”模式的评级机构。

（二）信用评级结果分布高度集中

图 9–2 和图 9–3 分别展示了 2021 年主要券种债券发行时债项评级和主体评级的分布情况。可见，主要券种债券发行时债项评级和主体评级均高度集中于较高等级，这一点在债项评级中尤为明显，主要原因是主要券种债券可通过增信手段获得高于主体评级的债项评级。2021 年

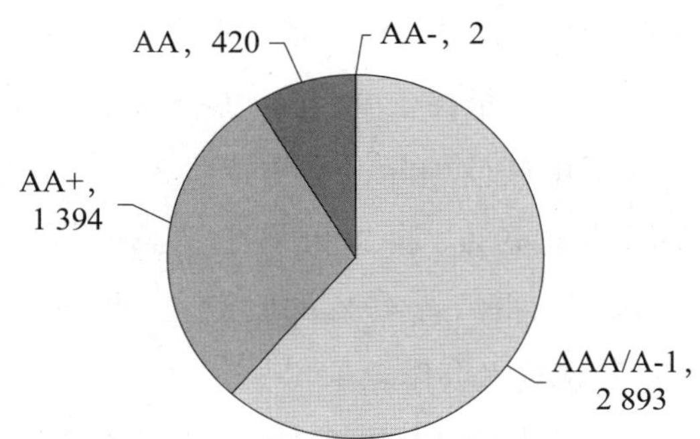

图 9–2　2021 年主要券种债券发行时债项评级结果分布

资料来源：笔者根据 Wind 资讯金融终端整理。

说明：①不包括无债项评级的债券。②根据央行 2006 年 11 月发布的《信贷市场和银行间债券市场信用评级规范》，对于发行期限不超过 1 年的短期融资券，债项评级的最高等级为 A-1 级，可将其近似视为其他债券债项评级的 AAA 级。

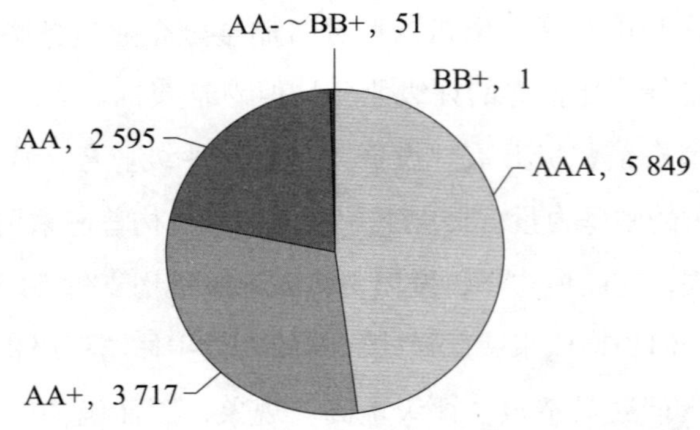

图 9-3　2021 年主要券种债券发行时主体评级结果分布

资料来源：笔者根据 Wind 资讯金融终端整理。

注：不包括无主体评级的债券。

发行的主要券种债券中，发行时主体评级均处于投资级（BB+ 级以上），最低为 AA- 级，而有 1 只债券发行时债项评级落入投机级（BB+ 级），且共有 7 只债券债项评级不及 AA- 级。

（三）外资评级机构稳妥有序入场

我国是全球最大的新兴市场经济体，信用债和信用评级市场成长性强，因而高度吸引外资评级机构入场。事实上，外资评级机构谋求进入我国市场早已有之。早在 1999 年，惠誉与中诚信投资管理股份有限公司共同组建了中诚信国际，惠誉持股 30%，其后穆迪于 2006 年取得该股份并增持至 49%。自 2005 年起，惠誉与联合资信开展技术合作，并于 2008 年取得后者 49% 的股份。① 此外，标普也自 2008 年起与上海新世纪开展技术合作。

总体来看，早年间外资评级机构大多以技术合作或参股等方式间接参与我国信用评级业务，受监管准入政策限制，未能实现对国内评级机构的绝对控股。同时，外资评级机构与内资评级机构的合作也暴

① 值得说明的是，该股份已于 2018 年转让至新加坡主权财富基金 GIC。

露出种种矛盾，如中诚信集团董事长毛振华曾坦言："我们其实是同床异梦，他们（穆迪）要独资，我希望做中国的民族品牌"，使内外资评级机构的合作面临瓶颈。

随着我国信用评级行业的快速扩容，特别是近年来金融业对外开放政策的逐步推进，外资评级机构谋求通过更直接、更独立的方式进入我国信用评级市场，独资公司正是其理想方式。如前所述，央行分别于 2019 年和 2020 年批准了标普和惠誉的独资公司进入银行间债券市场开展信用评级业务，穆迪亦翘首以盼。值得说明的是，目前标普和惠誉的独资公司实际完成的信用评级业务单数较少，如前者 2021 年仅为 7 只主要券种债券给出了评级，影响尚小。对于外资评级机构，学术界和实务界大多肯定其评级方法先进、评级经验丰富、国际信誉度较高，其入场的"鲶鱼效应"或将进一步推动我国信用评级市场良性竞争，但也有部分观点认为，外资评级机构可能通过放松评级标准等方式提高市场份额，实际上也会对我国信用评级市场造成一定负面影响。

（四）评级付费模式改革积极探索

在一定程度上而言，我国信用评级结果分布的高度集中是因为"发行人付费"模式评级机构天然易导致"评级虚高"现象，不利于信用评级充分发挥信息效应和认证效应。一方面，评级机构为争取市场份额，存在高估信用评级的激励，即"评级迎合"；另一方面，发债主体亦会优先选择对其能够给出最高信用评级的评级机构，以降低其融资成本，即"评级选购"。因此，改革评级付费模式的呼声日益高涨。

交易商协会积极响应各方呼声，于 2010 年 9 月出资设立了我国唯一一家"投资人付费"模式评级机构——中债资信。中债资信成立至今，对于同一家发债主体，其给出的评级大多数情况下显著低于其他评级机构，因而学术界和实务界大多认同其评级对"发行人付费"

模式评级机构发挥了正向引导作用，有助于缓解“评级虚高”现象，但也有部分观点认为其影响有限，甚至可能推动“发行人付费”模式评级机构进一步高估评级。虽然中债资信的影响目前仍存争议，但不可否认的是，其成立至少部分改善了我国信用评级的市场秩序。

（五）评级监管制度框架逐步完善

近年来，我国信用评级行业监管制度框架逐步完善，主要体现在以下三方面：

一是统一监管制度迈出新步伐。在银行间债券市场和交易所债券市场长期分割的背景下，两个市场中信用评级行业监管制度的差异易造成“监管套利”，甚至引发“监管竞次”，难以体现监管制度的严肃性，形成“硬约束”，不利于信用评级行业的良性发展。

为此，2019 年 11 月，央行、国家发改委、财政部、证监会等四部门联合发布《信用评级业管理暂行办法》（中国人民银行 国家发展和改革委员会 财政部 中国证券监督管理委员会令〔2019〕第 5 号，以下简称《办法》），明确了央行为我国信用评级行业主管部门，主管全国信用评级监管工作；国家发改委、财政部、证监会为信用评级业务管理部门，在其职责范围内监管信用评级业务。该文件标志着信用评级行业统一监管时代正式来临。2021 年 8 月，央行、国家发改委、财政部、银保监会、证监会等五部门联合发布《关于促进债券市场信用评级行业健康发展的通知》（银发〔2021〕206 号，以下简称《通知》），提出“加强监管部门间的联动机制，凝聚监管合力，逐步统一债券市场信用评级机构准入要求，联合制定统一的信用评级机构业务标准，在业务检查、违规惩戒、准入退出等方面加强监管协同和信息共享，提升监管效力，防止监管套利”，从统一监管的具体制度设计上进行了明确规定。

二是改革监管制度再上新台阶。一方面，监管部门逐步取消债券发行的强制评级要求，将信用评级的决定权交予市场。一定程度上而言，长期以来的强制评级要求是信用评级膨胀的推手之一，这不仅是实务界的共识，近年来也为学术界相关研究所证实。2021 年 1 月，交易商协会发布《关于发布〈非金融企业债务融资工具公开发行注册文件表格体系（2020 年版）〉有关事项的补充通知》，明确了在短期融资券和中期票据等非金融企业债务融资工具的申报阶段，不再强制要求发债主体提供信用评级报告及跟踪评级安排。2021 年 2 月，证监会也修订了《公司债券发行与交易管理办法》（中国证券监督管理委员会令〔第 180 号〕），本次修订的核心之一即取消了公开发行公司债信用评级的强制性规定。事实上，这并非监管部门削弱信用评级的意义，而是通过取消强制评级要求，推动投资者更好地感知、研判单只债券及发债主体的信用风险，提升其应对信用风险的能力，并且是一次从制度上规避强制评级要求导致评级膨胀的有益尝试。

另一方面，监管部门也在着力引导评级付费模式改革，鼓励发债主体选择多家评级机构进行评级。《通知》指出，"促进信用评级行业公平竞争，鼓励发行人选择两家及以上信用评级机构开展评级业务，继续引导扩大投资者付费评级适用范围""鼓励信用评级机构开展主动评级、投资者付费评级并披露评级结果，发挥双评级、多评级以及不同模式评级的交叉验证作用"，反映出监管部门积极引导"投资人付费"评级模式发挥更大作用的政策意图，监管部门也在持续鼓励发债主体通过双评级、多评级及不同模式评级实现交叉验证功能，以期推动信用评级行业良性竞争，改善信用评级质量。

三是强化监管制度取得新成效。虽然我国信用评级行业已进入发展成熟期，但评级机构乱象仍时有发生（具体见下文），受制于相关惩戒机制的不完善，特别是罚款金额偏低，导致违规行为惩戒易失之于宽松软，不利于形成健康的信用评级市场秩序，也无疑影响了境外机构增持我国信用债的信心。

为此，《办法》第八章体现了鲜明的从严监管导向，如第六十一条规定，“信用评级机构由于故意或者重大过失，对投资人、评级委托人或者评级对象利益造成严重损害的，由信用评级行业主管部门、业务管理部门或者其派出机构给予警告，并处相关评级业务收入 1 倍以上 3 倍以下的罚款，没有评级业务收入或者评级业务收入无法计算的，处 200 万元以上 500 万元以下的罚款；对直接责任人员给予警告，并处 3 万元以上 10 万元以下的罚款”，与国际经验更为接轨。《办法》还要求建立信用评级机构信用档案和信用评级机构高级管理人员信用档案，实现信息公开共享，并建立信用评价较低评级机构的公开通报等惩戒机制。

此外，国家发改委自 2015 年起连续 6 年开展当年企业债信用评级机构的信用评价工作，并将结果公开发布，同时明确建立了针对未能履职尽责评级机构的记入信用档案、开展约谈、加强其所评级企业债的存续期监管力度等一系列惩戒机制，以期通过约束机制更好发挥优胜劣汰作用。

三、我国信用评级行业存在的问题

（一）“评级虚高”现象较为突出

图 9-2 和图 9-3 表明，我国 2021 年主要券种债券发行时信用评级的分布高度集中，在一定程度存在“评级虚高”现象。事实上，该现象已长期存在。2015 年，马榕和石晓军对比了中美两国截至 2010 年年末处于存续期的债券的主体评级分布情况（见图 9-4 和图 9-5），发现美国主体评级的分散程度明显高于中国，平均评级显著低于中国，且中美两国评级分布分别体现单峰和双峰特征（马榕、石晓军，2015）。

可见，我国信用评级行业长期存在“评级虚高”现象。对比图 9-3

和图 9-4，观察主体评级低于 AA 级的债券所占比例，近年来我国“评级虚高”现象甚至有一定程度恶化，导致我国评级机构的公信力屡受质疑。

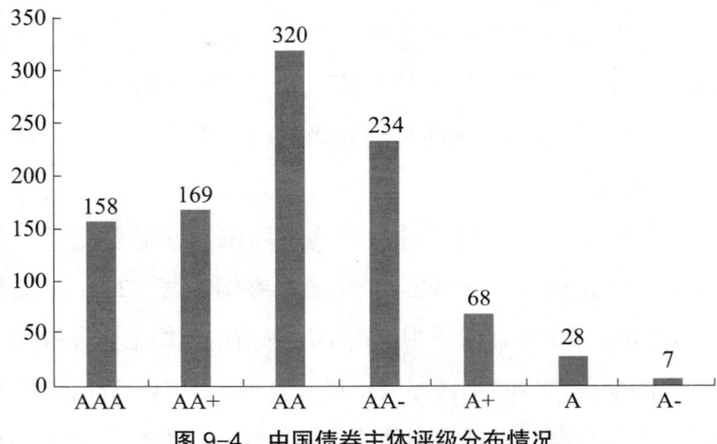

图 9-4　中国债券主体评级分布情况

资料来源：马榕，石晓军 . 中国债券信用评级结果具有甄别能力吗 ?——基于盈余管理敏感性的视角 . 经济学（季刊），2015（4）:197-216.

注：统计范围为截至 2010 年年末存续的债券。

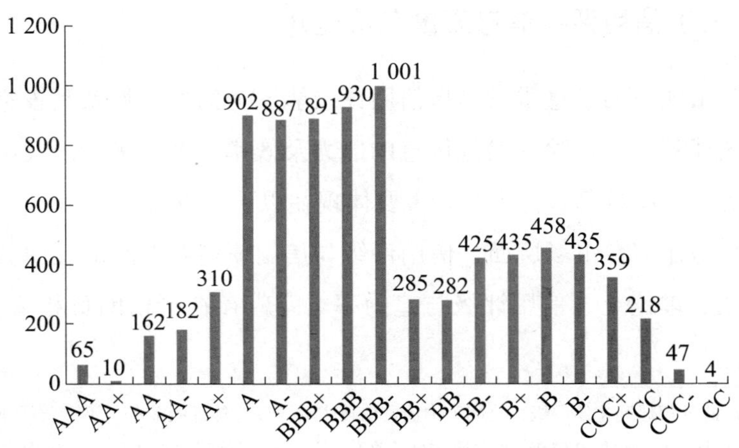

图 9-5　美国债券主体评级分布情况

资料来源：马榕，石晓军 . 中国债券信用评级结果具有甄别能力吗 ?——基于盈余管理敏感性的视角 . 经济学（季刊），2015（4）:197-216.

注：统计范围为截至 2010 年年末存续的债券。

（二）评级机构付费模式相对单一

我国评级机构付费模式的相对单一主要体现在以下两方面：

一是“投资人付费”模式评级机构数量远少于“发行人付费”模式评级机构。目前，我国仅中债资信一家“投资人付费”模式评级机构，其余（包括近年来入场的外资评级机构）均为传统的“发行人付费”模式评级机构。

二是“投资人付费”模式评级机构市场份额亦显著低于“发行人付费”模式评级机构。根据 Wind 资讯金融终端数据，2021 年主要券种债券共计 64 794 次主体评级[①]中，由中债资信给出的主体评级仅 18 015 次，按照不同期次债券的主体评级口径计算得出的中债资信市场份额约为 27.80%。[②]部分研究发现，中债资信的评级对“发行人付费”模式评级机构的正向引导作用在中债资信市场份额较高的行业中更为显著，表明中债资信引导作用的进一步发挥有赖于其市场份额的持续提高。

（三）信用评级信息质量有待提升

信用评级的信息质量是指信用评级能够为债券市场及其投资者提供有关债券信用风险的增量信息的能力及效率。客观来看，我国信用评级的信息质量仍有待提升，主要体现在以下三方面：

一是在债券市场层面，信用评级与信用债违约率间的反向关系尚未建立。理论上，信用评级与违约率之间应存在严格的负相关关系，

① 此处仅研究主体评级，是因为中债资信仅主动开展主体评级业务，不涉及债项评级。

② 事实上，此处 27.80% 的占比亦显著高估。因中债资信对发债主体的覆盖面有限，倾向于对相对大中型的发债主体开展主动评级，这类发债主体发行的债券期次显著偏多（如中债资信主动覆盖的安徽出版集团有限责任公司即先后发行了 35 只债券），易导致按照不同期次债券的主体评级口径计算得出的中债资信市场份额偏高。显然，若按照不同发债主体的主体评级口径计算，中债资信的市场份额将显著低于 27.80%。

《通知》要求"信用评级机构应当长期构建以违约率为核心的评级质量验证机制"，正是基于此。近年来，随着"刚性兑付"的打破逐渐深入，我国信用债违约率提升趋势明显，但同期信用评级总体水平未出现显著降低，评级甚至有所提高（对比图 9-3 和图 9-4），恰与理论情形相悖。

二是在单只债券层面，信用评级与信用债价格间的正向关系偶有背离。对于单只债券而言，无论是一级市场定价，还是二级市场定价，信用评级与债券价格均应显著正相关。换言之，若信用评级保持不变，债券交易价格也应大体稳定。但是，即使 2017 年 4 月以来债项评级始终稳定在 AAA 级，15 鲁焦 01（122442.SH）和 15 鲁焦 02（136007.SH）两只公司债仍于 2018 年 7 月间出现了交易价格的暴跌，这反映出我国信用评级和债券价格间的正相关关系尚难言稳固。

三是在评级机构层面，信用评级调整滞后，抑制了评级调整的信息效应。学术界和实务界普遍认为，在债券存续期内，信用评级的调整具有信息效应，即信用评级的调整能够向市场集中释放债券信用风险发生边际变化的信号。但我国信用评级的调整相对滞后，因而常出现信用评级的大幅调降。以 11 超日债（系我国首只发生实质性违约的债券，112061.SZ）为例，评级机构中证鹏元于 2013 年 5 月将该债券的主体评级和债项评级由 BBB+ 级大幅下调至 CCC 级，但同时将主体评级展望由"负面"上调至"稳定"，稳定了市场情绪，因此 2014 年 3 月该债券宣告违约超出市场预期，直至违约后的 2014 年 5 月，中证鹏元才将其主体评级和债项评级双双下调至 C 级，评级调整明显滞后，导致评级大幅调降在所难免。

（四）信用评级机构乱象时有发生

近年来，受评级机构治理不善、评级竞争加剧、评级监管制度不健全等因素影响，评级机构仍偶发乱象。联合资信、中诚信证券[①]、中证鹏元、上海新世纪等评级机构均被各地证监局出具过警示函，其原因不一而足，包括尽职调查不到位、未核验相关文件资料是否真实准确完整、评级质量控制不当、风险揭示不充分等。2018年8月，鉴于大公国际存在违反独立性、向发债主体“搭售”产品、收取高额费用、部分高管资质不合规等多项违规事实，交易商协会和北京证监局分别作出决定，暂停大公国际债务融资工具市场相关业务及证券评级业务各1年。2020年12月，北京证监局针对东方金诚存在的评级模型定性指标上调理由不充分、未对影响发债主体偿债能力的部分重要因素进行必要分析、评级模型使用不当等违规事实，决定暂停东方金诚证券评级业务3个月。[②]此外，根据中央纪委国家监委披露，东方金诚原总经理等高管被查一案还暴露出我国信用评级行业中一定范围内存在评级买卖、利益勾结等腐败乱象，值得警惕。

四、对我国信用评级行业的政策建议

（一）改进评级方法流程，提升信用评级质量

一要科学制定评级方法，有效设计定性因素与定量因素相结合的评级模型，构建以违约率为核心的评级质量验证机制，提升信用评级区分度，避免信用评级高度集中，更好发挥信用评级的信息价值，还可考虑响应相关政策引导，在信用评级中有序纳入ESG（环境、社

① 中诚信证券即中诚信证券评估有限公司，其信用评级业务已自2020年2月26日起整合至母公司中诚信国际。

② 从大公国际和东方金诚受监管处罚的事实中亦可看出，前文所述国家发改委针对信用评级机构的信用评价结果科学有效，影响深远。事实上，大公国际和东方金诚近6年的信用评价结果排名基本均靠后。

会和公司治理）等因素；二要调整优化评级流程，从严开展尽职调查等重要环节，避免摆样子、走过场，确保真实、准确、完整掌握发债主体及单只债券的具体情况；三要坚持实事求是原则，强调独立、客观、公正，避免教条主义，评级机构不宜事先规定一段时间内不同等级债券数量占比；四要高度重视科技赋能，在信用评级方法中引入大数据、云计算、人工智能等高精尖科技手段，提升信用评级质量，在科技赋能过程中坚持先试点、后推广，稳扎稳打、分步推进；五要持续强化信息披露，评级机构应按照《办法》第六章规定严格落实相关信息披露要求，特别是依规披露其中的 1 年、3 年、5 年期信用评级违约率和信用等级迁移状况，倒逼其改善评级质量；六要稳妥推进信用评级行业对外开放，既积极引导外资评级机构入场，充分学习其先进评级经验，助力内资评级机构改进评级方法及流程，又强化风险意识，坚持底线思维，有效防范外资评级机构入场后通过大幅放松评级标准、显著高估信用评级等方式抢占市场份额的相关风险，坚决守住不发生系统性金融风险的底线，牢牢把握我国信用评级行业发展的主动权。

（二）健全评级监管制度，优化评级生态环境

一要加强信用评级行业主管部门和业务管理部门的监管协调，明确规定各自职能定位，清晰界定各自职责边界，避免监管重叠和监管空白相互交织，发挥“几家抬”监管政策合力；二要稳步推进信用评级行业统一监管，科学制定统一监管路线图、时间轴，明确重要时间节点，分阶段达成相应政策目标，逐步实现信用评级行业监管要求统一，避免监管套利；三要发挥行业自律组织的激励及约束作用，借鉴国家发改委定期公布企业债信用评级机构信用评价结果的前期做法，交易商协会可考虑定期或不定期地开展对所辖评级机构信用

评级质量的评估，并推动评估结果公示及运用，形成奖优惩劣的良好效果；四要积极扩大“投资人付费”模式评级的适用范围，在债券定价、债券指数产品设计、投资者内控等领域广泛运用“投资人付费”模式评级结果，稳步提升“投资人付费”模式评级的影响力，持续优化评级生态环境，但在当前条件下，笔者认为尚不宜过早成立第二家“投资人付费”模式评级机构，以免两者评级竞争，进而削弱中债资信对评级秩序的改善；五要鼓励发债主体聘请两家及以上评级机构为其评级，通过交叉验证方式推动评级机构审慎执业，客观评级。

（三）完善评级机构治理，确保评级独立合规

一要完善评级机构公司治理架构，明确规定评级机构股东、董事、监事、高级管理人员及信用评级分析人员的权利和义务，有条件的评级机构可聘请独立董事参与公司重大决策，更好维护发债主体及投资者的合法权益；二要建立评级机构防火墙，吸取大公国际相关教训，妥善改革组织架构，确保评级机构内部的信用评级部门与营销部门相分离，防范利益冲突；三要健全回避制度及分析师轮换政策，信用评级从业人员应严格按照《办法》第三十五条规定要求，对符合相关情形的业务予以回避，同时参考国际国内相关经验制定分析师轮换政策的相关实施办法，最大限度确保信用评级独立、客观、公正；四要从严制定执行评级机构内控制度，以独立性原则为核心改革薪酬制度，严禁分析师薪酬与评级收费挂钩，建立健全分析师薪酬递延发放、离职人员禁业期限制等制度，切实防范道德风险，提升内部管理水平，评级机构内部的合规部门应定期或不定期地在公司整体层面开展合规教育，有效规避违规风险和声誉风险，从源头上铲除滋生评级腐败乱象的土壤。

（四）强化违规惩戒机制，维护评级行业秩序

一要建立健全评级机构全流程监管机制，依规惩戒相关风险隐患，避免“重首次评级、轻跟踪评级”“重指标监管、轻现场监管”“重评级结果、轻内部控制”等不当倾向，确保相关风险隐患“抓早抓小”，并按照《办法》第八章及《通知》要求严格追究查处的评级机构及相关责任人员责任，给予相应处罚或追究刑事责任；二要高度关注可疑情形，在重点监管中从严惩戒违规行为，将评级机构评级受阻、评级大幅调整、评级调整滞后、评级稳定但交易价格剧烈波动、频繁更换评级机构、更换评级机构后评级上调等可疑情形纳入重点监测库，对相关发债主体有针对性地投入更多监管力量，对查实的违规行为严肃追责问责，切实维护评级行业秩序；三要推动惩戒信息公开共享，形成倒逼机制，参考各地证监局公示对评级机构采取的监管措施相关经验，信用评级行业主管部门和业务管理部门应通过“信用中国”网站等渠道向社会公布违规评级机构及相关责任人员受处罚或被追究刑事责任的具体情形，持续强化社会监督，相关责任人员的惩戒情况应关联个人征信，倒逼其在执业时履职尽责；四要与有关部门协同惩治评级腐败乱象，一体推进惩治金融腐败和防控金融风险，信用评级行业主管部门和业务管理部门应会同公安、司法、纪检监察等部门深挖买卖评级、输送利益、蓄意干扰评级独立性的评级机构及相关责任人员，对其予以相应处罚或追究刑事责任，还可考虑对情节严重的相关人员处以终身禁入信用评级行业的限制。

第十章
绿色债券的特征、存在的问题及相关建议

2020 年 9 月，习近平主席在第七十五届联合国大会的讲话中提出“二氧化碳排放力争于 2030 年前达到峰值，努力争取 2060 年前实现碳中和”。绿色低碳产业经济将是我国未来经济发展的重要驱动力量，为实现碳达峰、碳中和目标，巨大的绿色投资需求促进了绿色债券迅猛发展。

绿色债券（green bond）是指将募集资金专门用于支持符合规定条件的绿色产业、绿色项目或绿色经济活动，依照法定程序发行并按约定还本付息的有价证券。“绿色”属性的认证是绿色债券与一般债券的最大区别，目前我国绿色债券既包括狭义上的贴标绿色债券，也包括大量未贴标、实际投向绿色项目的“实质绿”债券。[①] 贴标绿色债券是指经官方认可发行的绿色债券，募集资金主要用于应对气候变化的项目。

与普通债券不同，绿色债券本身具有正的外部性和公益性。政府要扶持绿色债券，如给予发行便利、补贴和税收优惠等，政府监管也会鼓励甚至要求机构投资者投资绿色债券；企业积极发行绿色债券、参与绿色低碳环保项目，除了可以享受各类优惠政策外，还有利于提升企业社会形象和“绿色声誉”，增强投资者信心。由于绿色产业未

① 本章主要研究贴标绿色债券。

来发展趋势向好，而且投资绿色债券也是履行社会责任的体现，所以投资者也会加大对绿色债券的投资力度。基于以上两个原因，绿色债券的发行量会更高，而融资成本则会更低。

2015 年 9 月，中共中央、国务院印发了《生态文明体制改革总体方案》，首次明确了建立绿色金融体系的顶层设计，并将发展绿色债券市场作为其中的一项重要内容，初步建立了我国绿色债券发展的顶层设计。2015 年年末，人民银行、国家发改委相继发布《绿色债券支持项目目录（2015）》和《绿色债券发行指引》，明确了绿色债券支持项目范围，为中国绿色债券提供了可操作的政策框架，绿色债券市场快速增长。中国证监会（CSRC）随后发布了针对绿色债券在交易所市场发行和交易的文件，为绿色公司债券的受理和审核提供“绿色通道”。

自 2016 年开始，我国绿色债券市场迅速崛起，吸引了众多投资者。随着绿色债券市场快速发展，绿色债券界定标准逐渐统一，绿色债券的支持范围也在持续优化。为进一步规范国内绿色债券市场，引导更多资金支持绿色产业和项目，助力实现碳达峰、碳中和的国家目标，2021 年 4 月，人民银行、发改委、证监会联合发布《绿色债券支持项目目录（2021 年版）》，并自 7 月 1 日起施行。

近年来，在政府的大力推动下，我国绿色债券市场规模快速扩张。根据央行披露，截至 2021 年末，我国累计发行绿色债券约 1.8 万亿元，2021 年末绿色债券存量规模为 11 146 亿元，仅次于美国，位居世界第二。

一、当前我国绿色债券市场特征

（一）绿债发行规模与承担的使命不匹配

为了实现“碳达峰”和“碳中和”的目标，我国绿色债券的发展有着巨大的空间，但目前我国绿色债券不论是发行量还是存量都处于起步阶段。

2020 年各类债券发行总额为 56.898 024 万亿元，其中绿色债券发行总额为 2 201 亿元，仅占比 0.39%；从发行只数来看，2020 年我国发行各类债券合计 49 893 只，其中绿色债券 278 只，仅占比 0.56%。绿色债券存量在所有债券中占比不到 1%（见表 10–1）。绿色债券作为建设绿色经济体系的重要工具，其当前发行和存续规模与其所承担的历史使命都明显不匹配。

表10–1　中国国内绿色债券发行数量和规模

年份	发行总额			发行只数		
	全部债券（亿元）	绿色债券（亿元）	绿色债券占比（%）	全部债券（只）	绿色债券（只）	绿色债券占比（%）
2016	363 653.78	2 071.31	0.57	28 052	80	0.29
2017	408 937.15	2 072.80	0.51	37 229	173	0.46
2018	438 457.27	2 208.53	0.50	39 027	207	0.53
2019	451 915.04	2 956.42	0.65	43 519	340	0.78
2020	568 980.24	2 201.61	0.39	49 893	278	0.56

资料来源：Wind.

（二）绿色债券的行业特点和趋势

分行业来看，早期大部分绿色债券都是银行发行的，2016 年绿色金融债发行规模比重达到了 76.3%，2021 年则不到 20%。2016—2020 年间，绿色金融债发行占比持续下降的同时，绿色非金融债规模、占比则迅速攀升。2018 年以后，非金融类企业，特别是公用事业和城投发行人迅速成为绿色债券的发行主力，由 2016 年的 25.2% 上升至 2020 年的 88.4%，表明绿色债券发行主体已由金融机构转向实体企业。进入 2021 年以后，非金融产业债也成为绿色债券发行量最大的品种。

真正的实体企业发行绿色债券对于节能减排作用更大。与金融债通过绿色贷款、公共事业主体发行的绿色债券通过政府牵头的基础设施建设等渠道间接投入绿色领域不同，工业企业发行绿色债券募集资金能更直接地用于需求方。电力、交通、建筑与工程行业是绿色债券发行最多的实体行业，从 2016 年发行 213 亿元，占全部绿色债券的 10.56%，增长到 2021 年合计发行 2 966 亿元，占比 49.10%。

具体来看，2016 年至 2021 年 8 月末，我国绿色债券共发行 1 846 只，合计金额约为 20 287 亿元。根据 Wind 对绿色债券发行主体的统计，银行发行的绿色金融债和资产支持证券是所有绿色债券中发行量最大的，达到约 5 917 亿元，占比 29%；其次是地方政府发行的绿色产业相关的专项债，规模达到 4 830 亿元，占比 24%；再次是非金融产业债和城投债，发行规模（占比）分别约为 4 553 亿元（占比 22%）和 3 962 亿元（占比 20%）；最后是非银行金融机构，发行规模为 1 025 亿元，占比 5%。

绿色债券的券种较多元化，2016 年至 2021 年 2 月，累计分别发行金融债、企业债、公司债、ABS、私募债、中期票据 5 200.7 亿元、1 648.2 亿元、1 239.7 亿元、1 031.7 亿元、1 001.4 亿元、1 000.5 亿元，占比分别为 45.2%、14.3%、10.8%、9.0%、8.7%、8.7%。2016—2018 年发行以金融债为主，规模、占比均为 62.0% 以上，但 2019 年以来金融债占比呈明显降低趋势，2019 年、2020 年分别为 42.4%、13.8%。

（三）绿色债券以高评级为主，发债主体以国企为主

2016 年至 2021 年 2 月，AAA、AA+、AA 及以下债券的发行规模分别为 8 262.4 亿元、1 634.1 亿元、792.3 亿元，占比分别为 77.3%、15.3%、7.4%。AAA 级债券的发行规模最大，但 2018 年以

来，绿色债券的发行评级有所下沉，AA 及以下债券占比由 2018 年的 3.3% 提升至 2021 年 2 月的 8.1%。

为比较绿色债券评级分布特点，选取可比的全部信用债评级分布作为对照。从 2020 年存续的绿色债券看，以高等级为主，平均资质超过整体信用债水平。现有存续绿色信用债中，AAA 及以上评级比例为 76.4%，显著高于信用债整体 46.4% 左右的水平（见图 10-1）。AA- 以下评级中，普通信用债券的占比情况显著高于绿色债券占比。

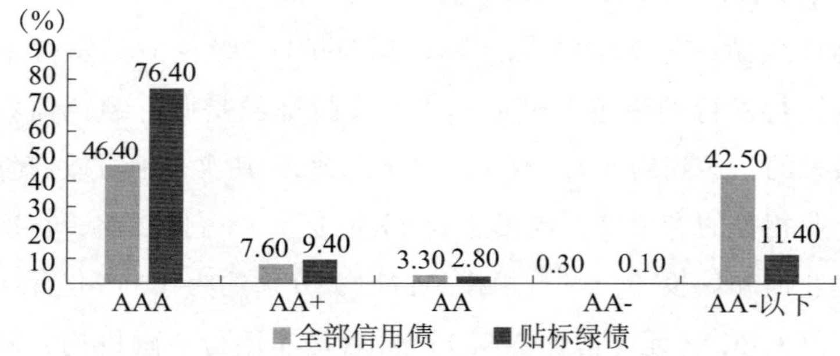

图 10-1　2020 年信用债和绿色信用债的评级结构

资料来源：Wind.

（四）债券久期以中长期为主

截至 2021 年 2 月，绿色债券的加权平均发行期限为 3.8 年，以中长期为主，0～1 年、1～3 年、3～5 年、5 年及以上期限债券累计发行规模分别为 258.7 亿元、921.0 亿元、6 838.2 亿元、3 500.6 亿元，占比分别为 2.2%、8.0%、59.4%、30.4%。2016 年至 2021 年 2 月，规模加权平均发行期限分别为 4.1 年、3.6 年、3.3 年、3.9 年、3.8 年、2.9 年，近两年呈缩短趋势。但是绿色债券资金运用项目都是长期项目，大多在五年以上，绿色债券资金来源和运用期限不匹配问题比较突出。

二、我国绿色债券存在的主要问题

（一）国内外绿色债券标准存在差异，信息披露机制尚不完备

《绿色债券支持项目目录（2021 年版）》实现了国内绿色债券市场在支持项目和领域上的统一，有利于推动我国绿色债券标准统一并逐步与国际接轨。但我国绿色债券标准仍然面临两方面的问题：一是由多头监管造成的国内标准不统一，各部委文件在安排独立审查、追踪报告、发行债券和监督债券所筹资金用途等方面仍然存在诸多差异。各部门应当尽快加强监管协调，推出统一的后续环节绿色债券标准。二是国内标准与国际标准的不统一。目前，我国绿色债券标准相较于国际标准还存在诸如发行绿色债券募集资金用于绿色项目的比例更宽松问题。如在募集资金投向方面，国际绿色债券募集资金投向一般公司用途的标准至多为 5%，而目前国内相关标准仍然较高，比如根据现行法规，发行人可以将绿色债券募集资金的 30%～50% 用于一般性企业用途。国家发改委允许发行人将不超过 50% 的募集资金用于偿还银行贷款和补充营运资金。根据上海证券交易所和深圳证券交易所的指引，这些交易所的发行人最多可以将其绿色债券发行所得的 30% 用于一般公司用途。这与国际指引有所不同。对募集资金投向项目绿色标准的差异已成为中资绿色债券与其他国家绿色债券不一致的主要原因，导致部分国内发行的绿色债券不被纳入国际绿色债券数据库，加大了绿色债券跨境投资的成本。

另外，在外部审核认证上未做强制性第三方认证的要求；第三方评估认证机构行为有待规范。虽然 2017 年央行、证监会已发布《绿色债券评估认证行为指引（暂行）》，但是并未明确具体操作细则，导

致第三方评估认证业务没有统一的标准，并且各个机构的质量参差不齐，亟须规范第三方评估机构的认证流程和认证标准，以提高认证机构的公信力。

我国绿色金融债券信息披露机制不够完备，绿色金融债、绿色债务融资工具分别按照季、半年披露募集资金使用情况，且仅有绿色金融债的存续期信息披露模板，其他绿色债券品种信息披露尚需进一步明确。不同品种的绿色债券在存续期内的信息披露频率和内容存在差异，绿色债券存续期的信息披露详细程度、频率、内容等未做详细规定的差别，增加了投资者获取债券相关信息的难度，影响了投资者对绿色债券的信心。信息披露缺陷加剧了绿色债券市场的“洗绿”“漂绿”问题，即绿色债券募集资金并未用于绿色项目。从绿色债券的实际募集用途来看，个别发债主体的募集资金部分用于偿还公司债务，或用于日常流动资金，并未全部投向绿色项目。这会严重损害绿色债券声誉，加大绿色债券投资者的甄别成本，不仅增加了绿色债券风险，而且扰乱了绿色债券市场秩序。

（二）绿色债券的融资成本优势不明显

政府出台了支持绿色债券市场发展的一些政策，便利绿色债券发行的政策优惠主要集中在发行通道、发行条件放宽、募资资金用途三个方面。政府将绿色债券纳入央行中期借贷便利（MLF）合格抵押品范围并且规定了对金融机构持有绿色资产的强制性考核。这些都有利于增强债券发行和投资意愿。但从实践来看，绿色债券融资成本不具明显优势。

安信证券研究中心的研究报告表明，排除期限溢价的影响，绿色债发行成本基本低于同评级同期限的信用债。以 AAA 级为例，0～1 年、1～3 年、3～5 年、5 年及以上期限绿色债券的加权平均发行成本分别为 2.1%、3.8%、4.0%、4.3%，同期信用债为 2.8%、4.1%、4.1%、4.4%。从各类发行人中选择一部分绿色债券和可比债券，比较其发行利率的利差。从利差比较结果来看，绿色债券的发行利率优势不明显，发行成本与一般债券并无明显差别，同期限、同等级的绿色债券和信用债一级发行利差通常在 30BP 以下。通过对比具有相同发行日期、发行期限、企业性质、债券类别、债券评级的绿色债券与普通债券，在 2016 年至 2021 年 6 月期间，绿色债券的平均发行利率与普通债券相比低了 23BP。尽管绿色债券并没有显著的“绿色溢价”，绿色债券发行人却要在发行前和发行后承担更多外部认证审核、持续信息披露、绿色项目后续运营跟踪等方面的要求。其综合成本优势不明显，企业尤其是民营企业发行绿色债动力不足。绿色债券募集资金主要投向的行业多集中于建筑工程、交通基础设施、综合、电力、水务等强公用事业属性的板块，这类投资往往具备初期投资金额大、回款周期长的特点。① 绿色资产往往具有回报率低、公益性较强、项目回收期长等特点。上述两方面因素降低了绿色债券的发行意愿。

近两年来，在相关政策的支持下，绿色债券发行成本优势有了提升。央行研究局课题组的研究成果表明：从一级市场看，绿色债券发行成本优势进一步凸显。2019 年和 2020 年，与可比普通债券（同一发行人当季发行的非绿色债券并剔除期限溢价因素）相比，40% 左右的绿色债券票面利率更低。2021 年具有发行成本优势的绿色债券占比显著提升至 77%，发行价差由 2020 年的 1BP 扩大到 6BP。

（三）债券市场流动性不足

我国绿色债券二级市场整体流动性不足，发行人支付更高的流动

① 我国绿色债券的平均发行期限仍然较短，以 5 年期以下绿色债券为主，国际市场发行的则多集中在 5～10 年期。

性成本。在2018年上半年及以前，以换手率衡量的绿色债券市场流动性处于较低水平，2018年下半年开始，流动性大幅提升，到2019年又略有回落，但月均流动性仍然高于2017年水平。与全部信用债流动性相比，中国绿色债券流动性普遍偏低。2020年绿色债券的二级市场现券成交规模为6 435.86亿元，当年换手率为79.14%，但是相较于中期票据（151%）、短期融资券（476%）等其他债券而言仍处于偏低水平。

在各类绿色债券中，绿色债务融资工具和绿色金融债月度换手率相对较高。2019年以来，绿色债券换手率中枢区间为3.4%～11.1%，月均换手率为6.4%，低于同期全信用债和政策性银行债20.3%的月均换手率，但较2018年之前已有所提升。从不同券种来看，绿色债务融资工具和绿色金融债月均换手率相对较高，而绿色资产支持证券月均换手率则相对较低。

造成我国绿色债券流动性不高的主要原因有两个方面：一是从绿色债券持有人结构来看，绿色债券的最大持有者就是商业银行，商业银行持有绿色债券的比例超过绿色债券存量的50%。商业银行投资债券的主要目的是配置，而不是交易。二是从绿色债券品种结构来看，2016年以来，绿色金融债的占比逐步下降，绿色公司债及绿色企业债的占比持续上升，分别从2016年不足10%的占比上升至2020年的33.0%和21.5%；绿色中期票据、资产支持证券、短期融资券的占比也逐渐上升。由于金融市场结构和制度等方面原因，我国金融债、短期融资券和中期票据流动性较好，而企业债、公司债、资产支持证券等流动性则较差。特别是绿色债券中私募债比重较高，无论是银行间市场的非公开定向债务融资工具还是北京金融资产交易所（简称“北金所”）私募债的交易频次均很低、活跃度差，且只能在特定投资人范围内交易，私募债流动性最低。绿色债券中企业债、公司债和私募债比重很大，占比超过了一半，因此绿色私募债的流动性低于整体信用债的流动性就不足为奇了。

三、对我国绿色债券发展的相关建议

基于前述问题分析，笔者对中国绿色债券市场发展提出如下建议：

第一，加强我国绿色债券市场的顶层制度设计，完善绿色债券市场多个监管部门的协调机制，促进绿色债券国内标准统一并推进国内绿色债券标准与国际主流相一致，不断弥合中国和国际绿色标准之间的差异。同时，结合中国绿色债券的发展特色，积极参与国际标准和相关规则的制定，增强我国在绿色债券市场的影响力和话语权。尽快制定简洁、一致、透明的认证标准及认证流程，规范第三方评估认证机构的行为，督导第三方认证机构严格执行，以提升其评估认证结果的专业性和公信力，进而培养一批有国际视野的本土认证机构。完善强制性的信息披露制度，搭建统一的信息披露平台和渠道。完善绿色债券统计和数据库建设，优化数字化共享平台。加强绿色债券募集资金用途管理，建立完备、透明的绿色债券信息披露框架，统一信息披露的频率、内容等具体要求，监管机构对信息披露情况和募集资金用途进行定期核查。

第二，以市场化手段、政策和监管多种措施提高绿色债券发行和投资两端的积极性，实现扩大绿色债券规模并降低融资成本的双重目标。促进绿色债券市场发展的具有根本性作用的举措是完善全国性碳排放交易市场制度，通过碳排放权的交易能使绿色项目的收益货币化，激励相关企业投资绿色项目，增加绿色债券发行的需求；健全完善的 ESG 评价标准，并严格监督执行；培养投资者的绿色投资理念，推动建立社会责任投资者制度，引导树立绿色投资意识，积极践行

ESG 投资理念，提高市场对绿色债券的关注度以及对绿色债券的接受认可程度；实施财政补贴和部分税收减免政策，鼓励绿色债券发行和投资。对较低评级的民营企业，可通过外部增信如绿色担保、绿色保险等提升绿色资产价值，吸引更多投资者；监管机构对金融机构的考核要加强对绿色债券的持有比例要求，鼓励公募基金将绿色债券、绿色资产证券化产品纳入投资标的，发行专门针对绿色债券及绿色资产证券化的基金产品，降低绿色债券市场投资门槛，吸引公众投资者广泛参与绿色债券市场投资。

第三，积极发行绿色国债，推动建立绿色债券基准价格；优化绿色地方政府专项债，通过优化项目收益分配机制等多种方式，扩大绿色债券产品的市场份额；完善绿色债券做市商制度，鼓励绿色债券承销商成为其二级市场的做市商，为绿色债券提供流动性。此外，加大绿色债券市场双向开放力度，加强绿色债券国际合作。通过多种金融和财税手段鼓励更多国际机构进入我国市场发行和投资绿色债券。优化并推动国内绿色债券指数被纳入国际主流指数，扩大同国际交易所的合作与信息共享，吸引更多国际投资者了解并进入中国绿色债券市场。

参考文献

[1] 蔡定洪，刘仁林，蒋敏剑 . 银行间债券市场波动性特征研究 . 金融纵横，2014(1)：9-16.

[2] 陈军泽，杨柳勇 . 国债市场的降息效应分析 . 浙江大学学报 (人文社会科学版)，2000(3)：77-81.

[3] 陈雨露 . 完善绿色金融体系 防范“洗绿”风险 . 农村金融研究，2017(5)：79.

[4] 崔学刚 . 公司治理机制对公司透明度的影响——来自中国上市公司的经验数据 . 会计研究，2004(8)：72-80+97.

[5] 杜佳，张紫睿 . 中国债券违约率趋势如何？——信用违约潮梳理及违约率测算 . 海通证券，2020-11-23.

[6] 冯用富 . 交易商制度与中国二板市场 . 经济研究，2001(7)：74-82.

[7] 冯宗宪，郭建伟，孙克 . 企业债的信用价差及其动态过程研究 . 金融研究，2009(3)：54-71.

[8] 傅碧霄，范一飞 . 碳市场要完善信息披露要求，强化市场约束机制 . 华夏时报，2021-07-26.

[9] 高强，邹恒甫 . 企业债券与公司债券的信息有效性实证研究 . 金融研究，2010(7)：99-117.

[10] 郭泓，杨之曙 . 国债市场新券和旧券流动性实证研究 . 证券市场导报，2006(2)：62-68.

[11] 国家发改委能源局 . 中国 2050 年光伏发展展望，2019.

[12] 黄紫豪．央行发布绿色金融评价方案，评价结果纳入金融机构评级．上海证券报，2021-06-10.

[13] 简尚波．中国碳中和债券市场运行初探．债券，2021(5)：21-25.

[14] 李丽．公司债券市场的强制担保要求和投资者定位．金融研究，2006(3)：67-75.

[15] 李贤平，江明波，刘七生．国债市场有效性的初步探讨．统计研究，2000(7)：32-38.

[16] 李新．中国国债市场流动性分析．金融研究，2001(3)：116-121.

[17] 李艺轩，郭昶皓，杜鹏辉．绿色金融专题研究报告：全面实现双碳目标，绿色金融大有可为．国泰君安，2021-06-18.

[18] 马骏．中国绿色金融的发展与前景．经济社会体制比较，2016(6)：25-32.

[19] 马榕，石晓军．中国债券信用评级结果具有甄别能力吗？——基于盈余管理敏感性的视角．经济学（季刊），2015(4)：197-216.

[20] 人民银行绿色债券支持项目目录（2021 年版）.

[21] 人民银行有关部门负责人就《绿色债券支持项目目录（2021 年版）》有关问题答记者问．中国人民银行，2021-04-21.

[22] 任彪，李双成．中国股票市场波动非对称性特征研究．数学的实践与认识，2004(9)：63-68.

[23] 时文朝．增强透明度对我国银行间债券市场信息效率的影响——以交易信息对流动性的影响为例．金融研究，2009(12)：99-108.

[24] 谭骁喆，石磊．中外绿色债券发行标准比较分析．中国物价，2018(3)：44-46.

[25] 汤亮．公开信息与国债市场价格的发现过程——基于中国的经验实证分析．南开经济研究，2005(5)：100-105.

[26] 汪炜，蒋高峰．信息披露、透明度与资本成本．经济研究，2004(7)：107-114.

[27] 王遥，徐楠．中国绿色债券发展及中外标准比较研究．金融论坛，2016，21(2)：29-38.

[28] 王茵田，文志瑛．银行间和交易所债券市场信息溢出效应研究．财经问题研究，2012(1)：60-67.

[29] 武浩，陈磊．新能源发电行业策略报告：碳中和大势已定，光伏行业扬

帆再起航．信达证券，2021-05-08.

[30] 徐沛宇．全国碳市场即将不完美开市．财经，2021-06-21：80-84.

[31] 徐仁杰．德日“洗绿”风险的经验借鉴与思考．河北金融，2020(5)：25-28.

[32] 颜蕾．中央银行抵押品制度框架相关问题研究．海南金融，2016(5)：45-49.

[33] 杨晔．企业债券品种创新驱动因素实证分析．金融研究，2006(12):39-50.

[34] 姚秦．债券市场微观结构与做市商制度：中国银行间市场的理论及实证．复旦大学，2006.

[35] 袁东．交易所债券市场与银行间债券市场波动性比较研究．经济研究参考，2004(55)：27-28.

[36] 远东资信研究部．《绿色债券支持项目目录（2021 年版）》对绿债市场的影响，2021-04-26.

[37] 张雪莹，焦健．担保对债券发行利差的影响效果研究．财经论丛，2017(2)：48-57.

[38] 张瀛．做市商、流动性与买卖价差：基于银行间债券市场的流动性分析．世界经济，2007(10)：86-95.

[39] 张昀倩．中国绿色债券发展现状探析．科技经济市场，2021(1)：48-49.

[40] 中国人民银行、发展改革委、证监会印发《绿色债券支持项目目录（2021 年版）》．中国人民银行，2021-04-21.

[41] 中国人民银行研究局（所）课题组．新版目录助力绿债市场发展．中国金融，2021(9)：17-18.

[42] 中国人民银行研究局绿色金融标准课题组，等．推动我国与全球主要绿色金融标准趋同．中国金融，2019(22)：57-59.

[43] 宗军．中国债券市场开放建设的空间巨大．经济研究参考，2015(71)：18-19.

[44] Alexander, G. J., A. K. Edwards,and M. G. Ferri. What Does Nasdaq's High-yield Bond Market Reveal about Bondholder-Shareholder Conflicts? . *Financial Management*,2000,29(1):23-39.

[45] Bloomfield, R., M. O'Hara. Can Transparent Markets Survive? . *Journal of Financial Economics*,2000,55（3）:425-459.

[46] Blume, M. E., D. B. Keim,and S. A. Patel. Returns and Volatility of Low-

Grade Bonds 1977-1989.*The Journal of Finance*,1991,46(1):49-74.

[47] Boehmer, E., G. Saar. Y. U. Lei. Lifting the Veil: An Analysis of Pre-trade Transparency at the NYSE. *The Journal of Finance*,2005,60（2）:783-815.

[48] Bollerslev, B. T. Prediction in Dynamic Models With Time-dependent Conditional Variances. *Journal of Econometrics*,1992,52(1-2).

[49] Campbell, J. Y., Andrew W. Lo, and A. C. MacKinlay. *The Econometrics of Financial Markets*, Princeton: Princeton University Press, 1996.

[50] Cornell, B., and K. Green, The Investment Performance of Low-Grade Bond Funds. *Financial Services Review*,1991,1(2).

[51] Downing, C., S. Underwood, Y. Xing. The Relative Informational Efficiency of Stocks and Bonds: An Intraday Analysis. *Journal of Financial and Quantitative Analysis*,2009,44(5).

[52] Demsetz, H. The Cost of Transacting. *The Quarterly Journal of Economics*,1968,82(1):33-53.

[53] Glosten, L. R. Insider Trading, Liquidity, and the Role of the Monopolist Specialist.*Journal of Economics*,1989(21):211-236.

[54] Grossman, S. J. , M. Miller, Liquidity and Market Structure. *The Journal of Finance*, 1988,(43): 617-633.

[55] Handa, P., R. A. Schwartz. Limit Order Trading. *The Journal of Finance*, 1996, 51(5):1835-1861.

[56] Maug, E. Large Shareholders as Monitors: Is There a Trade-Off between Liquidity and Control?. *The Journal of Finance*,1998,53(1).

[57] Harris, L. E. Liquidity, Trading Rules, and Electronic Trading Systems. *Monograph Series in Finance and Economics*, 1990-04.

[58] Jones, C. M. , O. Lamont, and R. L. Lumsdaine. Macroeconomic News and Bond Market Volatility. *CRSP Working Papers*,1998,47(3): 315-337.

[59] Jordan, S. D. and B. D. Jordan, Seasonality in Daily Bond Returns. *The Journal of Financial and Quantitative Analysis*,1991, 26: 269-559.

[60] Katz, S. The Price and Adjustment Process of Bonds to Rating Reclassifications: A Test of Bond Market Efficiency. *The Journal of Finance*, 1974, 29: 555-559.

[61] Najand, M., K. Yung. The Weekly Pattern in Treasury Bond Futures and

GARCH Effects. *Review of Futures Markets*, 1993, 12:1-18.

[62] Pagano, M., A. Roell. Transparency and Liquidity: A Comparison of Auction and Dealer Markets with Informed Trading. *The Journal of Finance*, 1996, 51(2): 579-611.

图书在版编目（CIP）数据

现代债券市场建设 / 类承曜著. -- 北京：中国人民大学出版社，2023.8

（中国现代财税金融体制建设丛书）

ISBN 978-7-300-31619-2

Ⅰ. ①现… Ⅱ. ①类… Ⅲ. ①债券市场—研究—中国 Ⅳ. ①F832.51

中国国家版本馆CIP数据核字（2023）第064451号

中国现代财税金融体制建设丛书

现代债券市场建设

类承曜　著

Xiandai Zhaiquan Shichang Jianshe

出版发行	中国人民大学出版社		
社　　址	北京中关村大街31号	邮政编码	100080
电　　话	010-62511242（总编室）		010-62511770（质管部）
	010-82501766（邮购部）		010-62514148（门市部）
	010-62515195（发行公司）		010-62515275（盗版举报）
网　　址	http://www.crup.com.cn		
经　　销	新华书店		
印　　刷	涿州市星河印刷有限公司		
开　　本	720 mm × 1000 mm　1/16	版　　次	2023年8月第1版
印　　张	12.5　插页1	印　　次	2023年8月第1次印刷
字　　数	167 000	定　　价	68.00元